Systeme der Gesellschaft

Soziologische und psychologische Untersuchungen zu den Themen Familie, Erziehung, Kommunikation, Medien, Medizin, Modernität, Globalisierung, Sozialisierung, Kriminalität, Organisation und Sozialpsychologie

Dr. Cemil Şahinöz

Herstellung und Verlag:
BoD- Books on Demand, Norderstedt
ISBN 9783752839180

Inhalt

Zum Autor:

Dr. Cemil Şahinöz (Soziologe, Religionspsychologe, Familienberater, Integrationsbeauftragter, geboren 1981) ist Gründer und Chefredakteur der Zeitschrift "Ayasofya". Er hat verschiedene Bücher übersetzt und verfasst. Sein erstes Buch schrieb er mit 15 Jahren und mit 16 Jahren brachte er seine erste monatliche Zeitschrift heraus. Sein Aufsatz "Situation der türkischen Familien in Europa" wurde 2006 von Diyanet (DİTİB) zum "Besten Aufsatz des Jahres" gewählt. Zu verschiedensten Themen macht er Vorträge, Seminare, Fortbildungen, Konferenzen und Workshops. Er ist in verschiedenen Zeitungen und Zeitschriften als Journalist und Kolumnist tätig. Als Journalist begleitete er den deutschen Bundespräsident Christian Wulff und den türkischen Staatspräsidenten Abdullah Gül bei ihrem Osnabrück-Besuch. Şahinöz moderierte die Internet-Radiosendung "Misawa Talk". Hauptberuflich ist er in der Integrationsagentur und Familienberatung tätig. Nebenbei ist er in der türkischen Glücksspielsuchthotline tätig. In der Vergangenheit arbeitete er als Lehrer, Projektmanager, Seelsorger für muslimische Häftlinge, Übersetzer, Editor und Leiter von pädagogischen Angeboten. Seine Webseite (www.misawa.de) wurde unter 42 deutschen Islamseiten in den Bereichen "Offenheit", "Dialog", "Meinungsfreiheit", "Toleranz" und "Demokratisch" in einer Forschungsarbeit an einer Universität am besten bewertet. Als Dank und Auszeichnung für sein Engagement im Bereich Integration wurde er von Bundeskanzlerin Dr. Angela Merkel empfangen und seine Arbeit auf diesem Gebiet gelobt. Şahinöz traf sich u.a. auch mit dem muslimischen Berater von Barack Obama, Rashad Hussain, und gab ihm Informationen über die Muslime und ihren Organisationen in Deutschland. Der AIB (Europäischer Arbeitgeber und Akademiker Verbandes NRW) verlieh ihm im Juni 2011 den "Akademiker- und Integrationspreis." In der Focus Ausgabe Nr. 39 (19.09.2015) wurde er als einer der intellektuellen, muslimischen Jugendlichen in Deutschland vorgestellt und als "Seelsorger" betitelt. Şahinöz ist zu dem Vorsitzender des Bündnis Islamischer Gemeinden (Dachverband der muslimischen Einrichtungen in Bielefeld) und Gründungsmitglied, Generalsekretär und ehemaliger Vorsitzender der European Risale-i Nur Association (Dachverband der Nurculuk Bewegung in Europa).

Kontakt: www.misawa.de
cemil@misawa.de
twitter.com/Cemil_Sahinoez
facebook.com/CemilSa
youtube.com/user/Cemil4000
instagram.com/cemilshnz

Vorwort

Der Soziologe Niklas Luhmann teilt die Gesellschaft in Teilsysteme auf. Wirtschaft, Politik, Recht sind z.B. einige dieser Teilsysteme, die jede für sich auf eine andere Art und Weise funktioniert. Dabei hat jedes System seine eigenen Semantiken und Diskurse.

In der vorliegenden Arbeit werden verschiedene Systeme und Themen der Gesellschaft betrachtet. Die Systeme Familie, Erziehung, Kommunikation, Medien, Medizin, Modernität, Globalisierung, Sozialisierung, Kriminalität, Organisation und Sozialpsychologie werden soziologisch und psychologisch an Hand von verschiedenen Arbeiten analysiert.

Die Fragestellungen der Untersuchungen sind immer unterschiedlich und beziehen sich auf bestimmte Thematiken innerhalb eines Teilsystems. Ziel dabei ist es u.a. zu zeigen, wie vielfältig die unterschiedlichen Forschungen sind und einen Einblick in die Diskurse zu bieten. Dabei nehmen sich die Untersuchungen sich nicht den Anspruch, ausschöpfend zu sein. Sie bieten vielmehr Anreize für weitere Forschungsarbeiten in diesen Gebieten.

Cemil Şahinöz, August 2018

Kommunikation und Interaktion

„Überall wo Gesellschaft ist, vollzieht sich Kommunikation und wo kommuniziert wird, vollzieht sich Gesellschaft!" (Niklas Luhmann).

1.0 Einführung

Die Kommunikation zwischen zwei Menschen ist das natürliche Ergebnis der sich über Jahrhunderte entwickelten Formen der Verständigung. Gesten, die Entwicklung der Sprache und die Notwendigkeit, sich an gemeinsamen Handlungen zu beteiligen, spielten in diesem Zusammenhang eine wesentliche Rolle.

Kommunikation findet da statt, wo jemand anderen etwas zu verstehen gibt; oder wenn jemand meint, ihm wäre etwas zu verstehen gegeben. Also eine „Beziehung" zwischen Jemand und Jemandem. Die Information ist immer sozial adressiert (an Einzelne oder Mehrere). Sich selbst eine Botschaft zu schicken wäre unsinnig.

Die Gesamtheit des (kommunikativen) Verhaltens bezeichnet man als Interaktion. In der sozialen Interaktion beeinflussen sich Individuen gegenseitig und richten ihr Handeln aneinander aus.

In der Psychologie bezeichnet der Begriff Interaktion als soziale Interaktion die Gesamtheit der Prozesse der gegenseitigen Beeinflussung von Individuen innerhalb einer sozialen Gruppe oder auch zwischen

10

verschiedenen Gruppen. Als „Entdecker" des Begriffs Interaktion gilt Erwing Goffman (1929 – 1982). In *Interaktion: Spaß am Spiel* (1973) und *Strategische Interaktion* (1981), führt er diesen Ansatz weiter aus.

In meiner Arbeit möchte ich mich hauptsächlich auf das Modell von Hans Geser beschränken. Dabei werde ich auch einige Vergleiche mit Luhmann machen.

Niklas Luhmanns Text weist eine so starke Komplexität und ein derartiges hohes Anspruchsniveau auf, dass eine detaillierte Darstellung den Rahmen dieser kurzen Arbeit sprengen würde. Ich werde deshalb nur auf die für mein Thema relevanten Aspekte eingehen.

Geser beschreibt in seiner Arbeit „Die kommunikative Mehrebenenstruktur elementarer Interaktionen" vier Niveaus der Kommunikation (vier Trägermedien der Interaktion). „Anwesenheit", „Persönliche Erscheinung", „Gestik" uns „Sprache".

2.0 Vier Ebenen der Kommunikation

Wenn mehrere Individuen für kürzere oder längere Zeit zusammenkommen, sind sie in der Lage als Kommunikations- und Interaktionspartner miteinander in Beziehung zu treten. Als Kommunikationsmittel dienen „mehrere Trägermedien mit völlig verschiedenartigen Funktionseigenschaften für teils intentional gesendete, teils unabsichtlich emittierte, immer aber sinnhaft dekodierbare, Kundgaben" (Geser, 1990, S. 207).

Hans Geser unterscheidet dabei vier Niveaus, Ebenen.

Die erste Ebene ist die Anwesenheit. Dabei geht es um die physische Körperlichkeit. Das Dasein und Nichtdasein einer Person.

Die zweite Ebene ist die persönliche Erscheinung. Hierbei geht es um alle erkennbaren physischen Körperlichkeiten und Merkmale, wie z.B. Hautfarbe, Frisur, Kleidung oder Geschlecht.

Als nächste Ebene gilt die Ebene der Gestik. Hier sind alle beabsichtigten und unbeabsichtigten Verhaltensweisen gemeint, die für Vermittlung von Ausdruck dienen.

Die letzte Ebene ist die Sprache. Die encodierte Wiedergabe von Lauten, die vom Partner dekodiert werden.

Die vier Niveaus unterscheiden sich unter anderem dadurch, dass sie proportional zur Differenziertheit der Mitteilung unterschiedlich verbindlich in der Wahrnehmung sind.

Im Folgenden werden nun diese vier Ebenen näher untersucht.

2.1 Anwesenheit

Hier wird die körperliche Anwesenheit als Ausgangspunkt für Kommunikation und Interaktion genommen. Es ist die Basis für alle Systeme der elementaren Interaktion. Eine Eigenschaft die nicht widerrufen werden kann und nur durch den Tod der entsprechenden Person endgültig aus dieser Welt geschafft werden kann. Durch dieses unmanipulierbare Merkmal lässt sich, nach Geser, sehr leicht und genau in „anwesend" und „abwesend" kategorisieren.

Menschen sind, wie Gegenstände, physische Objekte. Es gibt Ähnlichkeiten zwischen Menschen und Gegenständen, wenn es um ihre räumliche Präsenz geht. Sie sind für Außenstehende wahrnehmbar.

Geser zeigt in diesem Punkt drei Ähnlichkeiten zwischen Menschen und Gegenständen:

1.) Objektivität. Die An- bzw. Abwesenheit ist ohne Zweifel erkennbar. „Alle Beteiligten können praktisch voraussetzungsfrei und völlig evidenterweise zum gemeinsamen Schluss gelangen, dass die selbst und die andern anwesend sind" (Geser, 1990, S. 208).

2.) Binarität. „Unter dem Gesichtspunkt ihrer bloßen ´Anwesenheit´ sind alle Mitglieder auf fundamentale Weise gleich, denn jeder Mensch trägt diese Körperlichkeit als sein invariantes, unmanipulierbarstes, nur durch seinen Tod eliminierbares Merkmal mit sich herum" (Geser, 1990, S. 208). Keine Person gleicht exakt dem anderen. Eine Differenzierung in „Anwesende" und in

„Abwesende" findet trotzdem statt (z.B. Eintrittsprozeduren, Registrationen u.a.).

3.) Sachliche Generalisiertheit. Also eine sachliche Verallgemeinerung. Während translokale Beziehungen (wie z.B. via Brief, Telefon) symbolische Kommunikation sind, stellt die „Anwesenheit" eine „für sich ausdifferenzierbare, völlig inhaltsfrei konstituierte Rahmenbedingung" (Geser, 1990, S. 209) für soziale Interaktion dar.

Die „Anwesenheit" ist Aufgrund der sozialen und zeitlichen Generalisierbarkeit als Strukturbildungsprinzip nicht geeignet.

Soziale Generalisierbarkeit: Da es meistens nicht ersetzbare Personen sind, deren Anwesenheit die besondere Identität des Sozialsystems garantiert.

Zeitliche Generalisierbarkeit: Jede Person kann zu jeder Zeit absichtlich oder unbeabsichtigt An- oder Abwesend sein. Somit wird die Struktur des Sozialsystems eingeschränkt. Da man die Anwesenheit jeder Zeit beenden kann, kann man die Struktur sogar zerstören, z.B. bei einer Demonstration, wo keiner hingeht.

Somit ist der Mensch für Interaktionssysteme gleichzeitig Stabilitätsgarant und Verursacher von Störungen. Bei jeder Person sind unveränderliche Merkmale (z.B. der körperlichen Erscheinung) und

14

veränderliche Aspekte (z.B. Verhaltensäußerungen) miteinander verknüpft.

Als Quelle der Unsicherheit, Labilität und Systemgefährdung sieht Geser die „Anwesenheit", wenn sie als absichtliche Handlung auftritt. Diese absichtliche Haltung wird aus verschiedenen Alternativen gewählt.

Da man nicht zur gleichen Zeit an mehreren Orten sein kann, ist die Anwesenheit ein knappes Gut. „Physische Anwesenheit wird rasch zu einem knappen Gut, wenn Individuen wegen vielseitiger sozialer Inanspruchnahmen, Rollenverpflichtungen und Mitgliedschaften genötigt sind, sich simultan oder in rascher Folge an verschiedenen Orten aufzuhalten" (Geser, 1990, S. 210). Eine Person entscheidet rein aus freiem Willen, wo er sich befindet. Es ist eine absichtsvolle, zu verantwortende Handlung.

Mit „Erscheinen", „Nichterscheinen", „Zu spät kommen" oder „Weggehen" gibt man ein bestimmtes Ausdruck wieder. Mit Pünktlichkeit zeigt man, dass man das Zusammenkommen mit der jeweiligen Person ernst nimmt. Mit dem Erscheinen einer hochrangigen Person bei einem Fest, zeigt diese „zeitlich überlastete" Person, für wie wichtig er dieses Fest und die jeweiligen Gastgeber hält. Somit bezeichnet Geser die „Anwesenheit" als Ausdruckshaltung. Das heißt: Die absichtliche Handlung der Anwesenheit kann als Indikator für das Interesse der Person am System interpretiert werden, über die Motive und Gründe dieses Handels ist jedoch allein auf Grund der Anwesenheit keine Aussage möglich.

Als unselektives Medium sieht Geser die „Anwesenheit", wenn es sich um eine „gemeinsame Anwesenheit" handelt; „weil sich hier unterschiedlichste Individuen im Vollzug einer völlig identischen Basishandlung zusammenfinden, die nur im quantitativen Aspekt ihrer zeitlichen Erstreckung variiert werden kann, sich aber in jeder qualitativen Hinsicht als völlig undifferenzierbar erweist" (Geser, 1990, S. 211). Demonstrationen können z.B. nur durch „gemeinsame Anwesenheit" eine eindrucksvolle Größe gewinnen oder überhaupt stattfinden.

Manchmal ist die Anwesenheit (in kleinen Gruppen) die einzige Möglichkeit der Zugehörigkeit. Hier setzt die am verbreitetsten Form der sozialen Kontrolle ist die „Anwesenheitskontrolle" ein, die nach Meinung von Geser besonders in zwei Fällen auftritt: „a) in mangelhaft organisierten, intern wenig differenzierten sozialen Kollektiven [...] b) in Organisationen, die aus sachlichen Gründen über keine operationalen Maßstäbe des Verhaltens oder seiner Ergebnisse verfügen [...]" (Geser, 1990, S. 211).

Als letzten wichtigen Punkt dieser Ebene bezeichnet der Autor die „prinzipielle Anwesenheit". Die auf dem Prinzip der „Anwesenheit" aufgebauten Sozialsysteme entstehen aus der Tatsache, dass Verhältnisse oder Beziehungen nur dadurch stabil gehalten werden können, wenn die Teilnehmer drastische Beschränkungen ihrer räumlichen Mobilität auf sich nehmen. Um diesen Status der „prinzipiellen Anwesenheit" zu halten verwendet man auch öfters stellvertretend für den eigenen Körper symbolische Markierungen, wie z.B. Badetücher am Strand).

2.2 Persönliche Erscheinung

Die persönliche Erscheinung ist die sichtbarste Ausdruckskundgabe einer Person. Hier wird das Zusammenspiel von vier Ausdrucksebenen beschrieben, die im ersten Wahrnehmungsakt spontan aufgefasst werden:

1.) Invariante physische Eigenschaften: Dies sind z.B. Alter, Geschlecht oder Hautfarbe. Dies sind unveränderliche Eigenschaften, bei denen der Emittent und der Rezipient nicht in der Lage sind, Einfluss zu nehmen.

2.) Kurz- oder langfristig herbeigeführte Veränderungen des Erscheinungsbildes: wie z.B. Schminke, Rasur, Haarfärbung, Chirurgische Eingriffe. Diese Veränderungen sind Manipulationen des Körpers.

3.) Physische Ebene: Hiermit sind vom Organismus Mensch unabhängige Gegenstände gemeint, wie z.B. Kleidungsstücke, Brille oder Hut. Gegenstände, die „an seine Person temporär oder dauernd assimiliert sind, indem er exklusive Nutzungsrechte auf sie geltend macht und sie häufig auch mit persönlichen Charakteristika (z.B. seinen Körpergerüchen) ´imprägniert´" (Geser, 1990, S. 213).

4.) Unabhängige, äußere Objekte: wie z.B. Möbel, Zigarren. Geser nennt sie „Bühnenrequisiten". Viele Konsumgüter werden als Symbole benutzt, um damit individuelle Ausdrucksmöglichkeiten anzureichern.

Das Zusammenspiel der Ausdrucksebenen erleichtert für die wahrnehmende Person die erste Kommunikation und bringt eine bestimmte Erwartungshaltung und Typifikation mit sich.

Es tritt aber auch ein Problem hierbei auf. Erstmalige Interaktionspartner werden zuerst an körperlichen Erscheinungsbildern gemessen. Je besser man aussieht, desto mehr Kommunikation. Je attraktiver eine Person, desto mehr positiv bewertete Eigenschaften werden dieser Person zugeschrieben. Das Gegenteil tritt dann natürlich bei weniger attraktiven Personen auf. Man orientiert sich am Erscheinungsbild.

Durch diese Tatsache entsteht eine Art Konkurrenz zwischen dem Erscheinungsbild und den Verhaltensweisen.

„Bei jedem Neubeginn einer Bekanntschaftsbeziehung wird sich diese Problematik wieder verschärfen, weil erstmalige Interaktionspartner sich zuerst am körperlichen Erscheinungsbild orientieren werden, selbst wenn sie guten Willens sind, in nachfolgenden, viel zeitaufwendigeren Beobachtungs-

und Kommunikationsprozessen ´sich eines Besseren belehren zu lassen´" (Geser, 1990, S. 215).

2.3 Gestik

Mit dem Begriff „Gestik" meint Hans Geser „alle nicht-verbalen, auf körperlichen Bewegungsabläufen beruhenden persönlichen Kundgaben" (Geser, 1990, S. 216). Dies sind meistens, zum größeren Teil, unbeabsichtigte und ungeplante Abläufe. Sie sind, wie bei der „persönlichen Erscheinung", ständig beobachtbar. Verglichen mit dem Informationsgehalt der „persönlichen Erscheinung", ist jener der Gestik meist unintendiert, kann aber auch als bewusste Handlung, z.B. zu Unterstreichung der eigenen Aussage, eingesetzt werden.

Die Gestik gewinnt ihren Sinn in Verbindung mit der persönlichen Erscheinung. Wenn ein Kleinkind seine Hand hebt, hat das eine andere Bedeutung, als wenn ein Verkehrspolizist die gleiche Bedeutung macht. Sie ist also von der Person abhängig. Die Bedeutung wechselt von Person zu Person.

Während man im selben kleinen Zeitabschnitt nur einen einzigen Satz aussprechen kann, können Gesten durchaus zeitlich parallel vollzogen werden. Sie eignen sich daher gut zur Schaffung von Interaktionsmöglichkeiten.

Die Gestik kann simultan und komplementär zur Sprache verwendet werden. So ist die Einprägung viel leichter, wenn man gesprochene Sätze mit ausdrucksvollen Körpergesten begleitet.

Ein weiteres Merkmal dieser Ebene ist, dass es keine absolute Bewegungslosigkeit gibt, „so dass ′absolute Bewegungslosigkeit′ nur annäherungsweise und unter größten Anstrengungen erreichbar ist und als unnatürlichster, entweder auf höchste intentionale Anspannung oder auf katatonischen Wahnsinn hinweisender, Zustand gilt" (Geser, 1990, S. 220). Daher hat der Emittent selbst oft keine oder ganz geringe Kontrolle über sein Gesendetes. Diesen Prozess, der ständigen, unvermeidbaren Informationssendung, unter Einbezug der persönlichen Erscheinung, nennen wir Emissionsautomatik. Da man schließlich seine Augen immer irgendwohin wenden muss, kann man x-beliebige Gründe dafür haben. Es besteht eine mangelhafte Verständlichkeit. Dieselben Bewegungsmuster müssen je nach kulturellem und situativem Kontext mit ganz unterschiedlichen Ausdrucksfunktionen betrachtet werden.

Der Handlungscharakter der „Gestik" ist daher undeutlich und verschiedenartig. Individuen haben nur geringe Kontrolle und nur begrenztes Wissen darüber, welche der von ihnen ausgesandten Verhalten von wem wann wie wahrgenommen werden. Die Selektion der Gesten liegt beim Rezipienten, der entscheidet, wann was und wie er deutet.

2.4 Sprache

Das differenzierteste aller Ausdrucksmedien ist die Sprache. Sie umfasst alle verbalen und paraverbalen Informationen, die von einer Person gesendet oder wahrgenommen werden können.

Der Ton der Sprache beeinflusst die Kommunikation. Hans Geser beschreibt dies folgendermaßen: „Vom Tonfall der Stimme über Akzentuierung und Sprechpausen bis zur lebendigen Mimik und Gliedergestik spannt sich der Bogen unvermeidlicher begleitender Ausdrucksweisen, die den sprachlichen Kommunikationszufluss dauernd begleiten und ihren Sinngehalt teils zusätzlich betonen, präzisieren oder komplementär ergänzen, teils abschwächen und auf schillernd-verunsichernde Weise mit ihm kontrastieren“ (Geser, 1990, S. 222).

Die nicht verbale Kommunikation während des Sprechens beeinflusst auch den weiteren Verlauf der Sprache. Angesichts sich verändernder Mienen kann ein Sprecher während seiner Rede von einer drastischen Forderung Abstand nehmen oder es wird ihm durch Blicke klargemacht, dass er sein angesprochenes Thema ausführlicher beschreiben soll. Die Blicke der anderen entscheiden mit.

Der Sprecher kann während seiner Rede ebenfalls nur sich selber zuhören und ist allein schon aus diesem Grund genauso wie seine Zuhörer daran interessiert, dass niemand anders zur selben Zeit spricht. Es besteht also ein allgemeines Interesse daran, dass jeweils immer nur <u>ein</u> Individuum spricht. Beim Zuhören gibt es keine Restriktionen, da beliebig viele Individuen gleichzeitig zuhören können, ohne sich dabei einander zu stören.

Hieraus entstehen drastische Rollendifferenzierungen, bestimmte Gesprächssysteme. Der „ratifizierte Sprecher", also der, der gerade spricht, befindet sich in der Position desjenigen, der alles sagen kann, was er will; der „bloße Zuhörer", also der, der gerade zuhört, begibt sich in die verletzliche, ausbeutbare Situation desjenigen, der sich dem Risiko aussetzt, sich Bitten, Abschweifungen, Falschinformationen oder gar Drohungen und Anwürfen anhören zu müssen, auf die er nachher reagieren muss. Der Autor beschreibt dies als „Monopolstatus des ratifizierten Sprechers" (Geser, 1990, S. 224).

In diesem Gesprächssystem entstehen zwei Selektionsarten. Selbstselektion (wer zuerst spricht, wird ratifizierter Sprecher) und Fremdselektion (wer angesprochen wird, darf sprechen). Mit der wachsenden Teilnehmerzahl kommt es zu einer „Knappheit der Redezeit". Dies verursacht Konkurrenz zwischen den potentiellen Sprechern.

Eine weitere Besonderheit dieser Ebene ist, dass Sprechakte als intentionale und autonome Handlungen gelten. Dies bedeutet, dass Sprechakte absichtsvolle Handlungen sind, für die man die eigene Verantwortung trägt und für die man haftbar gemacht werden kann. Man ist sich nie sicher, ob einer lügt, wenn er sagt, dass er nicht lügt. Daher besteht der Bedarf an moralischen Absicherungen.

2.5 Systematische Unterschiede

Anwesenheit, persönliche Erscheinung, Gestik und Sprache sind simultan verfügbare und in einem hierarchischen Verhältnis zueinander stehende kommunikative Ausdrucksmedien.

Die Ebenen unterscheiden sich systematisch hinsichtlich ihrer strukturellen und funktionalen Eigenschaften in folgenden Hinsichten:

1.) Einseitiges Bedingungsverhältnis: Es existiert ein hierarchisches Verhältnis. Die „Anwesenheit" funktioniert alleine. Die „persönliche Erscheinung" braucht die „Anwesenheit". Die „Gestik" benötigt beide und für „Sprache" braucht man letztendlich alle Ebenen. Daraus folgt, dass die „Anwesenheit" mit einfachsten Mitteln und ohne spezielle Voraussetzungen psychischer, kultureller oder technischer Art auskommt.

2.) Differenzierungsgrad des Codes: Hier geht es um die Ausdrucksmöglichkeiten. Während für die erste Ebene nur zwei Optionen zur Verfügung stehen, nämlich das An- und Abwesendsein, existiert für die „Gestik" eine Vielzahl von kommunikativen Äußerungen.

3.) Abhängigkeit von physischen Bedingungsfaktoren: Die „Abhängigkeit" ist am stärksten an physikalische Determinanten gebunden. Bei der „persönlichen Erscheinung" stehen manipulierbare Körpermerkmale zur Verfügung. Im Bereich der „Gestik" gibt es alternativenreiche physiologische und sensomotorische Prozesse. „In der Sprache schließlich wird die Loskoppelung von physischen Kausalitäten maximal, weil zwischen den organisch erzeugten Lautäußerungen und ihrem Bedeutungsgehalt überhaupt nur noch konventionell definierte, nicht mehr kausal determinierte, Relationen bestehen" (Geser, 1990, S. 229).

4.) Selbstkontrolle des Emittenten: Während man die „Anwesenheit" noch kontrollieren kann (z.B. Gefängnisstrafen), ist dies bei der Sprache nicht möglich. Dass „ob, wann und wie" wird am stärksten bei der Sprache vom Emittenten selbst kontrolliert.

5.) Zwang zur Temporalisierung: Bei der „Anwesenheit" benötigt man keine Zeit, um das Dasein kundzugeben; und seitens der Mitanwesenden ist sehr wenig Zeit erforderlich, um das Dasein wahrzunehmen. Bei der „Gestik" und bei der „Sprache" wird sowohl für die Enkodierung wie für die Dekodierung Zeit in Anspruch genommen.

6.) Grad an interpersonaler Zentrierung: In der untersten Ebene, der Ebene der „Anwesenheit", ist keinerlei Enkodierung- und Dekodierungsaufwand erforderlich. Während, je höher die Ebene, immer mehr Aufmerksamkeit erforderlich ist. Bei der „Sprache" findet der Zentrierungsgrad sein Maximum, weil sowohl die Aufmerksamkeit der Emittenten wie der Rezipienten stark beansprucht wird.

Die beiden unteren Ebenen „Anwesenheit" und „persönliche Erscheinung" sind Quellen systemischer Integration und struktureller Stabilisierung; die Ebenen „Gestik" und „Sprache" sind Quellen der Differenzierung und prozessualen Dynamik.

3.0 Strukturbildung von Einfachen Sozialsystemen

Um dem Leser einen nachvollziehbaren Rahmen zu geben, halte ich es für sinnvoll, mich an der Gliederung Luhmanns zu orientieren, die wie folgt aussieht: „Anwesenheit und Wahrnehmung", „Wahrnehmung als Strukturbildung der elementaren Interaktion" und „System und Umwelt".

3.1 Anwesenheit und Wahrnehmung

Ähnlich wie Geser nimmt Luhmann die Anwesenheit der Beteiligten als Basisdefinition einer Elementaren Interaktion. Aus der geringfügig unterschiedlichen Definition lassen sich zwei bedeutsame Kriterien heraus lesen:

1.) Gibt es die Bedingung, dass mehrere beteiligt sein müssen. Beteiligt sein heißt nach Luhmann „Eigenes Erleben und Handeln zur jeweiligen Interaktion beizusteuern" (Luhmann, 1995, S. 22).

2.) Während die Anwesenheit, die unter Geser nicht negierbar war und somit immer automatisch gegeben war (bei gleichzeitiger, örtlicher Anwesenheit!) differenziert sie sich nach Luhmann auf Grund der Tatsache, dass die Beteiligten sich gegenseitig wahrnehmen müssen! Das Grenzkriterium der Anwesenheit wird somit um die gegenseitige Wahrnehmung ergänzt.

Während elementare Interaktion nach Geser automatisch durch gleichzeitige, räumliche Anwesenheit zustande kam (sprich auf Grund der Faktizität der gemeinsamen Anwesenheit), kommt bei Luhmann definitionsgemäß die elementare Interaktion auf Grund ihrer Selektivität zustande (Luhmann, 1995, S. 22).

3.2 Wahrnehmung als Strukturbildung der elementaren Interaktion

Betrachtet man nun die bereits gefundenen Ergebnisse, so fällt auf, dass aus jeder zufälligen Begegnung zwangsläufig ein einfaches Sozialsystem entsteht. Im Normalfall wird jedem bereits Anwesenden das Hinzutreten eines Anderen bewusst. Durch die Emissionsautomatik, die ständig Informationen sendet,

26

und die automatische Sensorik unseres Körpers, die ständig unsere Umwelt abtastet, findet somit sofort bei bewusst werden des Anderen ein Informationsaustausch statt (Luhmann, 1995, S. 23). Jeder kennt den Effekt, dass sobald man unerwarteter Weise längere Zeit beobachtet wird, einem die Fremdquelle der Aufmerksamkeit sofort bewusst wird und man den Blick unwillkürlich dorthin lenkt. Die Wahrnehmung an sich kann also zum Thema der Wahrnehmung selbst werden, was zwar heißt, dass wir wieder unsere Wahrnehmung sehr genau selektieren, sie aber nun bewusst lenken können. Mit diesem Zeitpunkt hört die Automatik der Systembildung, bedingt durch die gleichzeitige Anwesenheit, auf und der Fortbestand des Systems wird ungewiss.

Für unsere Automatik der Systembildung heißt das, ein System bildet sich zwar immer automatisch, kann aber sehr schnell wieder zerfallen, wenn die empfangenen Informationen nicht ausreichen, um die Wahrnehmung zu fesseln und letztere sich wieder in die Informationsflut der Umwelt stürzt.

3.3 System und Umwelt

Spätestens jetzt sollte ersichtlich sein, dass der Hauptunterschied zwischen Luhmanns Theorie und der von Geser darin liegt, dass elementare Interaktion zwar immer beim Aufeinandertreffen mehrere Personen automatisch stattfindet, aber keine allgemeinen Aussagen über die Dauer der Interaktion gemacht werden können, da sie von selbst sehr schnell zu erliegen kommen kann und von den Beteiligten bewusst gesteuert werden kann.

Da einfache Sozialsysteme über geringen Zusammenhalt außer der äußerlichen Merkmale (der gemeinsamen Anwesenheit) verfügen, reduziert sich, auf Grund der biologisch festgelegten Menge des möglich Wahrnehmbaren, der Inhalt der Wahrnehmung des jeweiligen Systems. Lediglich für das System relevantes wird wahrgenommen oder ins Zentrum der Wahrnehmung aufgenommen. Aus der komplexen Umwelt wird also ständig in Anwesendes und Nicht-Anwesendes herausgefiltert. Luhmann nennt dieses Phänomen das „Komplexitätsgefälle". Damit ist noch einmal verdeutlicht, dass im Gegensatz zu Geser, nicht alles was anwesend ist, gleichzeitig Teil des Systems ist (Luhmann, 1995, S. 28).

4.0 Schlussfolgerungen

Diese Arbeit von Hans Geser erinnert mich an die Systemtheorie von Niklas Luhmann. Überall wo Gesellschaft ist, vollzieht sich Kommunikation (Luhmann). Geser hat hier ein System für Kommunikation/Interaktion beschrieben. In diesem System existieren vier verschiedene Ebenen, die bei der Interaktion simultan verwendet werden können.

Inzwischen haben sich neue Kommunikationsmedien etabliert, wodurch sich wiederum komplexe Mechanismen ergeben haben. Dies hebt die „kommunikative Mehrebenenstruktur" von Geser zwar nicht auf, aber es entstehen neue Methoden, vielleicht sogar neue „Ebenen" der Interaktion.

Die weltweiten Computernetze bilden zweifellos eine infrastrukturelle Grundlage, um sogar dem System der Massenmedien ein informelleres und dezentralisierteres Korrektiv entgegenzusetzen. Ihre größte Wirkung besteht wohl darin, allen mit der entsprechenden Technologie ausgerüsteten Nutzern einen leichten Zugang zu einem globalen Informations- und Kommunikationssystem zu verschaffen, in denen sie sich in selbstgewählter Weise nicht nur als Rezipienten, sondern auch als Kommunikationspartner und als Publizisten betätigen können.

5.0 Literaturverzeichnis

- Geser, Hans, 1990: Die kommunikative Mehrebenenstruktur elementarer Interaktionen, in: Kölner Zeitschrift für Soziologie und Sozialpsychologie 42
- Luhmann, Niklas 1995: Einfache Sozialsysteme, in: Ders.: Soziologische Aufklärung, Bd.2, Opladen: Westdeutscher Verlag, S. 21-38

Unkommunikativ in einem kommunikativem Zeitalter

1.0 Einführung

Ganz besonders in den letzten zwei Jahrzehnten sind der schnelle Informationsaustausch über große Entfernungen sowie der leichte Zugang zu Informationen zu markanten und bedeutsamen Merkmalen der menschlichen Gesellschaft geworden.

Die Kommunikation zwischen zwei Menschen ist das natürliche Ergebnis der sich über Jahrhunderte entwickelten Formen der Verständigung. Gesten, die Entwicklung der Sprache und die Notwendigkeit, sich an gemeinsamen Handlungen zu beteiligen, spielten in diesem Zusammenhang eine wesentliche Rolle.

Um Handels- und andere Beziehungen zwischen den Nationen und Reichen zu pflegen, war die regelmäßige Verständigung über größere Entfernungen unerlässlich.

2.0 Attraktivität des Fernsehens

Der Fernseher gewinnt immer mehr an „Anhänger". Die große Auswahl an Sendern und die Programmvielfalt machen den Fernseher attraktiver. Immer neue Filme, Serien, Shows und andere „Produkte" werden dem Zuschauer präsentiert und vorgeführt, so dass eine bestimmte Anziehungskraft zwischen Fernseher und Zuschauer entsteht.

Besonders Kinder können sich gegen diese Anziehungskraft nicht währen. Zu verlockend sind die auf dem Bildschirm tanzenden Figuren. Man zieht die Pokemon-Kämpfer ganz natürlich den Hausaufgaben oder anderen Aktivitäten vor.

Fernsehen ist die wichtigste mediale Tätigkeit für alle Altersgruppen. Fernsehen ist darüber hinaus eine Tätigkeit, die einen Großteil der Freizeit der Menschen jeden Alters verschlingt. Hier lohnt es sich die Daten der kleinsten untersuchten ZuschauerInnen, der 3 bis 13-Jährigen anzusehen[1]:

	Sehdauer in Min.	Seher in%	Verweildauer in Min.
Kinder 3-13 Jahre			
gesamt	97	61	153
mit eigenem Fernsehapparat	124	66	181
Mädchen 3-13 Jahre			
gesamt	95	60	154
mit eigenem Fernsehapparat	123	66	183
Jungen 3-13 Jahre			
gesamt	97	62	152
mit eigenem Fernsehapparat	126	68	179

---

[1] Die folgende Tabelle ist in gekürzter Form entnommen aus Feierabend, S., & Simon, E., 2000, S. 159

Wir sehen neben Zahlen und Prozenträngen, hierbei drei wichtige Dinge. Erstens können wir feststellen, dass insgesamt Kinder mehr als anderthalb Stunden pro Tag fernsehen. Zweitens fällt auf, dass die Verweildauer vor dem Fernsehapparat bedeutend höher ist. Zwei ein Viertel Stunden halten sich die Kinder vor dem Fernsehapparat auf. Zum dritten wird deutlich, dass Kinder mit einem eigenen Fernsehapparat täglich fast eine halbe Stunde länger fernsehen bzw. sich zwei dreiviertel Stunden vor dem laufenden Fernsehgerät aufhalten.

3.0 Selbständigkeit der Kinder

Die Eltern von Kleinkindern befinden sich ständig in einem sogenannten Konkurrenzkampf mit dem Fernseher. Für manche Eltern spiegelt Konkurrenz mit dem Fernsehgerät ihr mangelndes Vertrauen in die Fähigkeit ihrer Kinder wider, sich selbst zu unterhalten (Winn, 1979, S. 194). Der Gedanke, dass die Kinder sich nicht ohne irgendeine Anregung allein beschäftigen können, lässt den Müttern die einfachere Wahl treffen: „Geht fernsehen!"

In vielen Familien bestimmen die Kinder ihre Freizeit natürlich selbst, indem sie das Fernsehgerät einschalten. Aber selbst in den Familien, in denen der Fernsehkonsum eingeschränkt wird, verringert sich die Freizeit der Kinder drastisch durch den Konkurrenzkampf, den die Eltern gegen die Flimmerkiste führen (Winn, 1979, S. 195). Denn solange das

Fernsehen mit all seinen Attraktivitäten ständig zur Verfügung steht, gibt es keinen Augenblick im Tagesablauf eines Kindes, wo es „nichts zu tun hat". Der Fernseher bietet ja immer etwas.

Der Fernseher unterhält die Kinder. Dadurch verlieren die Kinder an Kreativität und Fähigkeit, sich selber zu unterhalten. Es verstärkt die Unselbständigkeit des Kindes. Um dem entgegenzuwirken müssen die Eltern die Kinder dazu verleiten, ihre „inneren Kräfte" zu finden. Das Kind muss seinen eigenen Fähigkeiten zutrauen. „Denn das ist die primäre Funktion der freien Zeit im Leben eines Kindes: ihm die notwendige Gelegenheit zur Verringerung seiner Abhängigkeit von seinen Bezugspersonen und zur Entwicklung seiner eigenständigen Persönlichkeit zu geben" (Winn, 1979, S. 197).

Nur durch dieses selbstgesteuerte Tun kann das Kind ein Selbst entdecken. Unabhängig von anderen Menschen und Objekten.

Ohne solche Erfahrungen wird das Kind zwar schließlich auch von seinen Eltern unabhängiger werden, aber es wird ein passiver statt aktiver Teilnehmer des Lebens.

3.1 Freie Zeit

Es sieht ganz so aus, als würde der Fernseher die „freie Zeit" der Kinder einschränken oder dem sogar ein Ende setzen. So ist Fernsehen eine weniger kreative Beschäftigung in der sogenannten „freien Zeit".

Der Begriff von „freie Zeit" ist eigentlich gar nicht so richtig. Zeit ist nicht etwas Reales. Also kann es auch keine Attribute wie „frei" oder „nicht frei" besitzen. Es ist nur real in Relation zu der Person, die sie erlebt.

„Freie Zeit muss als Definition der Person verstanden werden, die diese bestimmte Zeit erlebt, nicht der Zeit selbst; das heißt, freie Zeit ist eine Zeit, in der *ein* Mensch *frei* von bestimmten Beschränkungen ist, die seiner Zeit sonst auferlegt werden, eine Zeit, die er nach eigenem Willen, nach eigenem Rhythmus, nach eigenem Geschmack gestalten kann, frei von allen Zwängen und Forderungen, die er nicht selber schafft" (Winn, 1979, S. 198).

Freie Zeit ist also demnach, eine Zeit, in der es keine bestimmten Beschränkungen für den Menschen gibt, was er mit dieser Zeit anfängt.

In den ersten Lebensjahren hat ein Kind (ein Säugling) das Bedürfnis, seine Zeit in bestimmter Weise zu füllen. Da aber ein Säugling seine Zeit nicht allein gewinnbringend nutzen kann, schalten sich hier die Eltern ein. Sie sorgen für die geistliche Entwicklung des Säuglings. In diesem Alter werden die Kinder von menschlichen Kontakten entscheidend beeinflusst. Sie nehmen die Kinder in die Arme, spielen mit ihm und füllen dessen Zeit.

Mit dem Erreichen des dritten Lebensalters ändert sich diese Situation. „Die Intensität seiner (der Kinder) Verbundenheit mit der Mutter lässt deutlich nach. Es schreit und weint nicht mehr verzweifelt, wenn die Mutter weggeht" (Winn, 1979, S. 200). Es beginnt Unabhängig zu werden.

Doch dieser erste Schritt in Richtung Unabhängigkeit wird von einer anderen Abhängigkeit verhindert: nämlich dem Fernseher. In diesem Lebensalter verbringt das Kind erstmals längere Zeit vor dem Fernseher. Das Kind erlebt eine neue Erfahrung. Es zwingt ihn wieder zu einer, zwar vorübergehenden, Abhängigkeit und Unselbständigkeit. Fernsehen in dieser Phase fördert die Regression des Kindes. Die Selbstgestaltung wird eingeschränkt und Passivität wird erzeugt.

„Gerade, wenn es im Begriff ist, seine infantile Hilflosigkeit zu überwinden, wird das Kind durch die Verlockung des Bildschirms erneut in die Passivität zurückgedrängt" (Winn, 1979, S. 201).

Sobald das Kind ein Alter erreicht, in dem es fähig ist, sich seine Zeit selber einzuteilen und zu gestalten, füllt es nun seine Zeit durch das Fernsehen. Dies führt zur Einschränkung seiner Freizeit und Beraubt ihm die Gelegenheit zur Wiederherstellung und Erneuerung seines Selbst (Winn, 1979, S. 202). Beim Fernsehen hat das Kind wenig Macht über die Zeit.

Mit der Beschäftigung mit dem Fernseher wird die Zeit natürlich auch „gefüllt", aber es ist keine „freie Zeit" in dem Sinne, da der Bildschirm, den Zuschauer davon abhält, irgendetwas anderes zu tun, als zuzuschauen und zuzuhören. „Sein Wille existiert nicht" (Winn, 1979, S. 204).

Die eigenen Gedanken werden sozusagen ausgeschaltet beim Fernsehen. Die eigene Phantasie, wie beim Lesen, oder die eigenen Gedanken, wie beim Spiele erfinden, spielen hier keine Rolle mehr. Der Fernseher, bzw. die Sendung übernimmt nun diese Aufgabe.

Das Kind hat dadurch keine Möglichkeit zu erfahren, dass sein Glück und sein Wohlergehen vom eigenen Verhalten abhängen.

4.0 Das verlorene Paradies

Als die Kinder anfangen, sich von der Mutter zu lösen, und eine sozusagen Unabhängigkeit entwickeln, vollzieht die Mutter eine schwierige Umstellung. Die Beanspruchung zur Mutter sinkt, dadurch entsteht ein ambivalentes Gefühl der Mutter gegenüber der neu gewonnenen Unabhängigkeit des Kindes. „Die Mutter neigen in diesem Stadium dazu, den Tatendrang und die neu gewonnene Unabhängigkeit des Kindes mit einem gewissen Unbehagen zu registrieren" (Winn, 1979, S. 205).

Das Spielchen wird nun umgedreht. Die Mutter muss nun dem Kind hinterherlaufen. Das Kind interessiert sich aber nun vielmehr an seine Umwelt. Die Mutter fühlt sich dadurch abgelehnt. Es entsteht ein Gefühl, als hätte sie ein Paradies verloren. Dies führt dazu, dass die versucht, die Kontaktaufnahme des Kindes zur Außenwelt zu verringern, „indem sie es der passiven

36

Beschäftigung mit dem Fernseher ausliefert" (Winn, 1979, S. 206). Der Fernseher soll als Ersatzmutter dienen. So gewinnt das Kind mehr an Passivität aber die Dominanz der Mutter bleibt weiterhin bestehen.

Den Fernseher einzuschalten und die Kinder damit zu beschäftigen ist einfach die bequemste Lösung. Es entlastet außerdem die zunehmenden Erziehungsschwierigkeiten und braucht auch nicht viel Mühe.

4.1 Das Syndrom der halben Inanspruchnahme

Marie Winn beschreibt weiterhin in ihrem Buch das Syndrom der halben Inanspruchnahme. Damit meint sie das Stadium, in dem die Mutter dem Kind ständig *halb* zur Verfügung stehen muss.

Dieses Phänomen wird wie folgt beschrieben. „Das heißt, sie wird bei ihren verschiedenen Pflichten und gelegentlichen Freizeitbeschäftigungen dauernd unterbrochen und muss alles, was sie anfängt, wieder aus der Hand legen, um sich um dieses oder jenes zu kümmern, die hartnäckigen Fragen des Kindes zu beantworten, zum Schein von endlosen Sandkuchen zu kosten und Zeichnungen zu bewundern. Sie ist beschäftigt, aber niemals zu beschäftigt, um von ihrem Buch aufzusehen oder ihre Arbeit zu unterbrechen und den Bedürfnissen oder Wünschen des Kindes nachzukommen" (Winn, 1979, S. 207).

Die Mutter muss so von Raum zu Raum und von Tätigkeit zu Tätigkeit herumspringen, um sich und das Kind zu befriedigen. Sie zieht eine gewisse Befriedigung aus dem Gedanken, dass sie eine gute Mutter ist. So steht sie zwar zeitlich gesehen, dem Kind genug zur Verfügung, aber Effektiv ist dies nicht. Nicht die Quantität, sondern die Qualität der Zuwendung ist entscheidend.

Die ständige Verfügbarkeit der Mutter macht das Kind noch fordernder und schließlich führt dies wieder zur Notwendigkeit, Zuflucht beim Fernseher zu suchen. Denn irgendwann möchte die Mutter auch ihre Ruhe haben. Da bietet sich natürlich der Fernseher als bequeme Lösung.

Oben wurde erwähnt, dass die Qualität wichtiger als die Quantität sei. Um dies zu belegen, beschreibt Marie Winn ein Forschungsprojekt. Diese Forschungen haben ergeben, dass die Art und Weise, wie sich Eltern ihren Kindern zur Verfügung stehen, stark ins Gewicht fällt. Es ist außerdem aus diesen Ergebnissen zu erkennen, dass die Verminderung der freien Zeit im Leben eines Kindes seine Abhängigkeit verstärkt. Das Kind, dessen Mutter die ganze Zeit mit halber Kraft arbeitet, ist selbst auch immer nur halb frei, das heißt, halb auf sich selbst angewiesen. Diese halbe Zeit muss es selbst füllen. Diese halbe Verfügbarkeit macht die Kinder fordernder und abhängiger. Für die Mutter hat es auch folgen: durch ständige Verfügbarkeit leidet ihr Privatleben und so sucht sie sich ihre emotionale Befriedigung beim Kind statt woanders (Winn, 1979, S. 208ff).

4.2 Schuldgefühle der Eltern

Dass der Fernseher die freie Zeit der Kinder füllen soll, somit also eine Art Elternersatz sein soll, hebt in den Eltern natürlich etwas Schuldgefühle hervor. Der Fernseher schränkt erheblich den Kontakt und die Kommunikation zwischen Eltern und Kindern ein.

Diese Schuldgefühle versuchen sie loszuwerden, in dem sie die Kinder beim Fernsehen bedienen. So versuchen sie den Kontakt aufrechtzuerhalten. Sie bringen ihnen allerlei Knabbersachen, Chips, Getränke usw., die das Kind eigentlich auch selbst holen könnte. Die Eltern erbringen unnötige kleine Dienstleistungen, um ihre Liebe und Zuneigung zu zeigen.

Dabei vergessen sie, dass diese vielen kleinen Dienste, die sie ihren Kindern erweisen, für die Kinder schädlich sind. Eine Kindertherapeutin und Beraterin einer New Yorker Privatschule schildert die Folgen des Kinderbedienens: „Es hat eine sehr infantilisierende Wirkung, wenn Mütter ihre Kinder bedienen, ihr Geschirr wegräumen und ihnen Essen und Getränke bringen, während die Kinder vor dem Bildschirm sitzen. Lange nachdem die Kinder ein Alter erreicht haben, in dem sie Unabhängigkeit entwickeln sollten, fahren sie fort, ihre Eltern als Dienstboten zu betrachten – sie können gar nicht anders" (Winn, 1979, S. 213). „Die Eltern haben Schuldgefühle, weil sie ihren Kindern gestatten, so viel fernzusehen und das versuchen sie zu kompensieren, indem sie ihre Kinder bedienen" (Winn, 1979, S. 214).

5.0 Passivität der Kinder

Je mehr die Kinder vor dem Fernseher sitzen, desto mehr „abhängiger" werden sie. Jedenfalls sind sie nicht mehr in der Lage, beim Nichtfernsehen eigene Beschäftigungen zu finden oder ihre Zeit zu gestalten. Es fällt ihnen viel schwerer, freie Zeit zu gestalten, als den Kindern früherer Epochen.

Die Autorin spricht hier von einem Gesetz: „Passives Vergnügen vertreibt aktives Vergnügen". Sie stellt fest, dass Kinder Spielzeuge vorziehen, die ihre Phantasie nicht fordern. Diese verlieren jedoch schnell an Attraktivität. Um ihre Aussage zu bekräftigen, zeigt sie einen Vergleich zwischen einem Holzauto und einem mechanischen Auto.

„Das Spiel des Kindes mit dem einfachen hölzernen Lastauto nutzt sich nicht so schnell durch Gewöhnung ab, weil dessen Aktionsradius nur durch die eigene Phantasie begrenzt wird" (Winn, 1979, S. 218).

Das passive Vergnügen das das mechanische Auto bietet, wird als so angenehm erlebt, dass das hölzerne Auto, das aktive Mitwirkung erfordert, an Reiz verliert. Das Passive wird dem Aktiven vorgezogen.

Nun wird das gleiche beim Fernseher auch umgesetzt. „Das Fernsehgerät ist das einzige mechanische Spielzeug, dass nicht rasch zu Gewöhnung und Langeweile führt, obwohl das Kind dabei eine ebenso passive Rolle spielt wie bei jedem anderen mechanischen Gerät" (Winn, 1979, S. 218).

Es bietet immer mehr Aktionen und Geräusche. Das Staunen und die Faszination des Kindes halten fast unbegrenzt an. Alles andere kommt in der „freien Zeit" nicht mehr in Frage und wird sogar als „Arbeit" angesehen. Nur noch besondere Unternehmungen, wie z.B. Fahrten mit den Eltern oder beliebte Sportarten werden dem Fernseher vorgezogen. Es müssen erst besondere Attraktivitäten den Kindern geboten werden.

Ein anderes "besonderes" Ereignis ist die Krankheit. Während es früher zu romantischen Stunden zwischen Mutter und Kind kam, ist es heute eher eine einseitige Kommunikation zwischen Kind und Fernseher.

Marie Winn beschreibt dieses Problem folgendermaßen: „Es (der Fernseher) lindert die Symptome einer Krankheit wirksamer als Aspirin. Fernsehen lässt die Zeit schneller vergehen, und das Kind konzentriert sich weniger auf seine Bauchschmerzen. [...] In gleichem Maße fühlen sich die Eltern entlastet, die früher die Aufgabe hatten, dem Kind die Zeit zu vertreiben und es von seinen physischen Beschwerden abzulenken" (Winn, 1979, S. 223).

Der Fernseher wird einfach angeknipst und der Leidende davor gesetzt. Wieder ein Elternersatz. Während damals die Krankheit in den späteren Erinnerungen eines Kindes eine wichtige Rolle einnahm, da durch sie der Familienzusammenhalt gestärkt wurde und da die eigenen Fähigkeiten sich zu beschäftigen mehr als sonst gefordert wurden, wird den heutigen Kindern diese Erfahrung genommen.

Bei der Krankheit wird dem Kind gestattet, mehr fernzusehen als je zuvor; quasi als Entschädigung dafür, dass es ihnen schlecht geht oder um ihnen eine spezielle Freude zu machen.

5.1 Das Verschwinden des „wirklichen Lebens"

Die Autorin spricht hier von einer Veränderung der schulischen Situation.

Heutzutage werden die Kinder von passiven Zuhörern zu aktiven Mitgestaltern des Unterrichts und leben in der Schule deutlich freier und zwangsloser als noch vor wenigen Jahrzehnten.

Wenn sie die Klassenräume verlassen, dann laufen sie nicht mehr nach Hause, schmeißen ihre Taschen in die Ecke und unternehmen etwas mit ihren Freunden. Viel lieber eilen sie nach Hause, um sich dort vor dem Fernseher niederzulassen. Denn die Lieblingssendung beginnt genau nach Schulschluss.

Für viele Kinder ist es das Ende der Aktivität für den Rest des Tages, weil sie in der Schule ihre ganze Energie loswurden.

Die Schulsituation ist organisiert und zielgerichtet. „Das Kind hat weder dieselbe Freiheit der

Wahl noch die Freiheit, über seine eigene Zeit zu verfügen, wie nach der Schule, wenn es ein Spiel spielen kann oder nicht, Steine werfen kann oder nicht, Tagträumen kann oder nicht. [.....] , wird das Kind dennoch in bestimmte Richtung manipuliert – durch den Lehrer, durch vorhandenen Lehrmittel, durch die Tageseinteilung. Wenn es seine Nachmittage vor dem Bildschirm verbringt, wird auch diese Zeit von anderen strukturiert und programmiert. Wann hat es dann die Möglichkeit, sein eigenes Leben zu leben?" (Winn, 1979, S. 226).

6.0 Medienalltag der Heranwachsenden

Wie sieht der Medienalltag der heutigen Heranwachsenden aus?

In den Prozenträngen der Statistik stellt er sich so dar: 51% der Heranwachsenden ab 12 Jahren verfügen über einen eigenen Computer - ungefähr ebenso viele Heranwachsende verfügen auch über einen eigenen Fernsehapparat - und 33% dürfen den Rechner zu Hause mit nutzen. Dass nur 24% der Jugendlichen ein eigenes Handy besitzen, 15% eines mit nutzen, aber 61% noch kein Mobiltelefon haben, mag für denjenigen, der sich durch das penetrante Gepiepse der Telefone und belanglose aber laute Gequatsche ihrer Besitzer gestört fühlt, Hinweis auf eine noch düsterere Zukunft sein.

Und wie steht es um das Medium, das als die Zukunft gepriesene Internet? 40% der Jugendlichen zwischen 12 und 16 Jahren nutzen bereits das Internet. Wozu nutzen sie es? Die wichtigste Nutzung ist und bleibt die ungezielte: "Einfaches Herumsurfen" ist immerhin für 77% der Jugendlichen das, was sie am ehesten im Netz tun. Die anderen beiden Formen, die sie im Netz nutzen, sind kommunikative, nicht unbedingt mit Inhalt, aber immerhin: nämlich E-Mails verschicken und chatten, also miteinander ratschen und quatschen. 43% suchen "Infos für die Schule". Die nächsten beiden Nutzungsformen betrachtet die Konsumindustrie ambivalent. Einerseits freut sie sich darüber, dass 30% der Jugendlichen "Infos für die Freizeit suchen", andererseits sind ihnen die 29%, die "Programme, Software downloaden" und die 26%, die "Musik, Videos downloaden" nicht geheuer, wenn sie nicht selbst bereits für das Download in die Taschen der Jugendlichen greifen, also ein Entgelt verlangen.[2]

7.0 Schlussfolgerungen

Die Kommunikation mit dem Fernseher ist eine einseitige. Es ist keine Interaktion. Der Fernseher ist und bleibt der Alleinunterhalter.

Beim Lesen eines Buches schalten sich Gedanken, Bilder und Phantasien ein. Beim Fernseher fällt dies fast ganz weg; es liefert den Ton, die Geräusche.

Die Autorin sieht die Zeit vor dem Fernseher als tote Zeit an. Eine Zeit, in der man das Gefühl für Zeit

---

[2] Die angegebenen Zahlen entstammen dem Heft BRAVO Faktor Jugend 3 des Heinrich Bauer Verlags Hamburg vom Juni 2000.

44

verliert. Somit vergeht die Zeit vor dem Fernseher viel schneller als sonst wo.

Der Fernseher allgemein wird als „Droge" bezeichnet. Wir wissen von den anderen Drogen, wie z.B. Alkohol, Zigarette oder illegalen Drogen, dass es nicht auf das Produkt ankommt. Ein abhängiger sucht also nicht das Produkt selbst, sondern die Wirkung des Produktes. Was könnte also die Wirkung der „Droge" Fernseher sein?

Dabei sehe ich zwei große Wirkungen: **die Erzeugung einer Traumwelt und das Abbauen von Stress.**

Die Erzeugung von einer Traumwelt ist den heutigem alltags Menschen etwas recht einfaches. In einem „Depressionszeitalter" sucht man sogar krankhaft eine eigene Traumwelt. Eine Welt, in der man sein möchte, aber nicht ist. Die perfekte Lösung, das perfekte Leben wird vom Fernseher geliefert: die Soap Opera.

Eine nicht enden wollende Flut an Soap Operas wurde in den letzten 10-15 Jahren produziert. Die Filmindustrie hat diese Lücke sehr gut erkannt. **Der vom Pech verfolgte und seine Träume nie durchsetzen könnende setzt sich jeden Tag vor den Fernseher und schaltet „seine Welt" ein, und schaut zu, wie „Reich und Schön" leben.** Also wie sein Leben eigentlich sein sollte.

Vor dem Zeitalter des Fernsehens konnte man seine Traumwelt noch mit Theaterbesuchen gestalten.

Doch dies bewirkte keine Abhängigkeit in dem Sinne, wie beim Fernseher. Letztendlich konnten es sich sowieso nur die wenigen leisten.

Heute, im 21. Jahrhundert, sind Computerspiele für die Erzeugung einer Traumwelt zuständig. Es werden laufend „Lebens-Simulationsspiele" produziert, in denen der gestresste Schüler nach der Schule entweder sein eigenes Haus simuliert oder nach Nicht-Existierenden Monstern schießt.

Marie Winn hat ihren Artikel 1979 geschrieben. Da war der Fernseher natürlich „konkurrenzlos".

Als Abbau von Stress dienen die täglichen Talk Shows, die Gerichts Shows und die Reality Shows. Sie werden eingeschaltet, nur um mal zu sehen, wie dumm doch die anderen sind und wie schlecht es den anderen geht.

Fernsehen kann natürlich auch als Hilfsmittel dienen, um sich nicht allein zu fühlen. Der Fernseher ist ja immer da und verlässt niemanden.

Die Abhängigkeit zur Droge „Fernseher" wird zwar nicht Leben töten, aber die Kommunikation und Interaktion zwischen Eltern und Kindern. Zwischenmenschliche Beziehungen werden vermindert und falls sie stattfinden, versucht man so zu handeln, wie der „Lieblingscharakter" von der „Lieblingsserie". Eine unkommunikative Lebensweise entsteht, zumindest eine unreelle Kommunikation.

Wie kann man die Abhängigkeit zum Fernseher belegen? Abhängigkeit sagt als Wort vieles aus. Diese Abhängigkeit könnte man z.B. durch die Abwesenheit des Fernsehers zeigen.

Wenn das Kind bei Abwesenheit des Fernsehers biologische oder psychische Wirkungen zeigt, wie z.B. sauer sein oder weinen, dann könnte man von einer Abhängigkeit sprechen. Andernfalls war der Fernseher nur eine Option.

Die Autorin geht nicht auf diese Unterteilung ein. Sie wirft den Kindern subjektiv eine Abhängigkeit vor, was nicht wirklich stimmt.

Als Mensch sind wir von vielem Abhängig, wie z.B. die Heizung. Man müsste also festlegen oder überlegen, welche Abhängigkeit schädlich ist und welche nicht.

Die Folgen des „zu viel Fernsehens“ schildert sie meines Erachtens sehr gut, was zeigt, dass zu viel Fernsehen oder die Abhängigkeit zum Fernseher schädlich ist.

Auch wenn 2 Stunden pro Tag „informative“, „bildende“ Sendungen gezeigt werden. Sie bilden die Ausnahme und bestätigen damit die Regel.

8.0 Literaturverzeichnis

- Marie Winn, 1979, Die Droge im Wohnzimmer, Hamburg, Rowohlt
- BRAVO Faktor Jugend 3 des Heinrich Bauer Verlags Hamburg vom Juni 2000
- Feierabend, S., & Simon, E. (2000): Was Kinder sehen. Eine Analyse der Fernsehnutzung von Drei- bis 13-Jährigen. In: Media Perspektiven 4/2000

Sozialisation des Kindes durch Raumnutzung

1.0 Einleitung

Lange Zeit schenkte man dem Kind in der Soziologie keine Aufmerksamkeit. Es war eher das Forschungsgebiet der Pädagogen oder der Psychologen. Kinder wurden nicht als Akteure der Gesellschaft betrachtet. Die Kindheitssoziologie entwickelte sich nur mühsam. Mit der Zunahme des Verständnisses, dass Kinder auch Kundschaft sind (insbesondere herbeigeführt durch die Massenmedien), kam auch das Augenmerk der Soziologen auf das Kind und die „Kindheit". Zahlreiche Forschungen wurden in den letzten 30 Jahren gemacht. Dabei kam es zu verschiedenen Bezeichnungen des Kindes. Sie wurden als „Konstruktionen", Sozialisanden, Kostenfaktoren, Opfer, Bedürfniswesen, Akteure, Erziehungsobjekte, Ressourcen, Entwicklungswesen, Medium der Erziehung, Altersgruppe oder schlicht als „Kinder" bezeichnet. Die Begriffe „Kind" und „Kindheit" erwecken teilweise idyllische oder romantische Bilder von zu hegenden oder zu pflegenden zerbrechlichen Wesen, die auf das Leben in der "Erwachsenenwelt" durch vermehrte Hinwendung, Erziehung und Liebe vorzubereiten sind. Zudem sind „Kinder" heute nicht mehr nur Kinder im Sinne von "Nachwuchs", sondern vielmehr Lebensmittelpunkt von Eltern aber auch wichtige Adressaten der Wirtschaft. Je nachdem, wie Kindheit verstanden wird und in welcher Form mit Kindern umgegangen wird, hat dies auch

Konsequenzen für die Räume, in denen sich Kinder aufhalten und bewegen.

Diese „Räume" werden in der vorliegenden Arbeit analysiert. Dabei geht es um räumliche Gegebenheiten für Kinder. Diese können sowohl Möglichkeiten und Chancen als auch Grenzen für Kinder sein. Sie beeinflussen die Persönlichkeitsentwicklung des Kindes. Was das Ergebnis dieser Entwicklung ist, wird in dieser Arbeit analysiert.

So leben Kinder heute in „Räumen", in der Vorgaben für einzelne Handlungen herrschen. Es wird an Hand verschiedener Literatur versucht, aufzuzeigen, welche Veränderungen die kindliche Sozialisation durchmachte (Kapitel 3) und wo sie heute stattfindet. Vor- und Nachteile der Bedingungen unter denen kindliche Raumaneignung stattfindet werden skizziert. Die Aneignung des Raumes durch Kinder wird dabei eine zentrale Rolle spielen.

Im nächsten Kapitel geht es zunächst einmal darum, welchen Einfluss die Räumlichkeit auf die Sozialisation des Kindes hat. Im dritten Kapitel wird die zweite Hälfte des 20. Jahrhunderts analysiert. Ausgehend von der Kindheit in der Nachkriegszeit bis hin zur Kindheit des letzten Jahrzehnts werden in den verschiedenen Bereichen die Strukturen des Sozialcharakters genau beleuchtet und deren Wandel beschrieben. Im darauffolgenden Kapitel werden verschiedene Raumerfahrungen analysiert. Die Aufteilung erfolgt in „Straße", Verhäuslichung und

50

Verinselung. Welche Folgen diese Entwicklungen haben, werden in der Schlussfolgerung dargestellt.

2.0 Einfluss des Raumes auf die Sozialisation

Zwar wird der Sozialisationsbegriff ständig überarbeitet und aktualisiert, grundlegend gilt aber die Definition nach Hurrelmann und Geulen (1980, S. 51). Demnach wird Sozialisation verstanden „als der Prozess der Entstehung und Entwicklung der Persönlichkeit in wechselseitiger Abhängigkeit von der gesellschaftlich vermittelten sozialen und materiellen Umwelt. Vorrang hat dabei die Frage, wie sich jeder Mensch zu einem gesellschaftlich handlungsfähigen Subjekt bildet." Man kann hier von einer produktiven Verarbeitung der Realität sprechen. Hurrelmann nennt es „Modell der produktiven Realitätsverarbeitung" und beschreibt dieses Modell folgendermaßen (1993, S. 64): „Das Modell drückt den gemeinsamen Nenner der neueren Sozialisationstheorien aus, nämlich die Vorstellung vom Individuum, das sich einerseits suchend und sondierend, andererseits konstruktiv eingreifend und gestaltend mit der Umwelt beschäftigt, Umweltgegebenheiten aufnimmt und mit den vorhandenen Vorstellungen und Kräften in Einklang bringt und um eine ständige Abstimmung zwischen den Umweltanforderungen und den eigenen Bedürfnissen, Interessen und Fähigkeiten bemüht ist."

Es ist also von einer aktiven Aneignung von Umweltbedingungen durch den Menschen die Rede (vgl. Tillmann, 1989, S. 10). Sowohl die Entstehung des Individuums in der Gesellschaft als auch gesellschaftliche Einwirkungen auf diese Entstehung werden mit diesem Begriff erfasst. In unserem Fall, also beim Kind, muss man sich fragen, inwieweit der Einfluss der Räumlichkeit die Entwicklung des Kindes beeinflusst. Nissen (1998, S. 155) dazu: "Räume (...) sind unabdingbare Voraussetzungen für die Begegnung von Individuen, d.h. für soziales Handeln und für die Entwicklung sozialer Identität: Ihr Vorhandensein oder Fehlen ist z. B. entscheidend für den Aufbau von Beziehungen" So muss geschaut werden, ob das Kind der Umwelt völlig ausgeliefert ist oder ob er seine Entwicklung mitbestimmt. Denn die Umwelt, in der sich das Kind befindet, wird ihm geliefert durch die Erwachsenen (siehe Kapitel 3). Das Kind kann diese Umwelt kaum selbst einrichten. Die Erwachsenen stellen es ihm unter bestimmten Bedingungen zur Verfügung. Welche Bedingungen in der zweiten Hälfte des 20. Jahrhunderts herrschten, werden wir nun im nächsten Kapitel sehen.

3.0 Die zweite Hälfte des 20. Jahrhunderts

Helga Zeiher stellt in ihrer Arbeit „Kindheitsräume. Zwischen Eigenständigkeit und Abhängigkeit" die These auf, dass Kinder seit den 70er Jahren sowohl eine Zunahme der Entfremdung des eigenen Tuns als auch einen Zugewinn an Verfügung über die eigenen Lebensverhältnisse erfahren (1994, S. 353). So beschreibt sie zunächst die Entwicklung in der zweiten Hälfte des 20. Jahrhunderts, denen wir uns jetzt widmen werden, um aufzuzeigen, wie sich die kindliche Sozialisation verändert hat.

3.1 Um 1945

Das Ausmaß des zweiten Weltkriegs war nicht gering. Die gesellschaftliche Arbeitsteilung existierte nicht mehr. Arbeitsstätten waren völlig zerstört. So verlagerte sich die „Arbeit" in die Häuser der Menschen. Es kam zum direkten Tausch unter Nachbarn. Man war selbst auf die Herstellung von lebensnotwendigen Gütern angewiesen. Überall herrschte Wohnungsnot. Die gesamte Familie wohnte meist in einer überfüllten Wohnung. Kinderzimmer hatten in der Nachkriegszeit nur die Wenigsten. Zudem gab es sehr wenige Spielplätze, so wie fast keine Kindergärten, in denen man spielen konnte.

Da die Wohnungen sowieso schon überfüllt waren, konnten Kinder ihre Freunde nicht nach Hause einladen. In den Häusern war häufig noch nicht einmal so viel Platz, dass jedem ein eigenes Bett zum Schlafen zur Verfügung stand. Außerdem waren viele Häuser im Krieg zerstört worden. Das Spielen verlagerte sich nach draußen. Gerade in großen Städten fanden die meisten Spiele auf der Straße statt. Die Straßen waren verkehrsfrei. Die häufigsten Spielarten der Kinder zu dieser Zeit waren Kriegsspiele.

3.2 50er Jahre

Gegen Ende der 40er Jahre wurde der Wohnungsbau staatlich gefördert. Dies sollte dem Zweck dienen, wieder Wohnungen, Arbeitsräume und Gebäude der Produktion zu schaffen. In den neuen Wohnungen wurden diesmal Kinderzimmer mit berechnet. Man versuchte nun wieder nach altem bürgerlichem Muster Räume zu spezialisieren. Dabei durften die Kinder zwar in der Wohnung spielen, sie durften aber die Ordnung nicht stören. Den Bedürfnissen der Kinder wurden Grenzen gesetzt.

Viele Familien kehrten in die Städte zurück. So nahm auch der Autoverkehr zu. Das Spielen auf der Straße war nicht mehr ungefährlich. Es wurde aber weiterhin auf der Straße gespielt, so dass sich eine „Straßenkindheit" (Pfeil, 1965, S. 17-20) entwickelte. Das heißt, die Kinder einer Straße grenzten sich von Kindern anderer Straßen ab. Wieder andere wurden von ihren ängstlichen Eltern ganz von der Straße abgegrenzt und durften sich nur zu Hause aufhalten.

3.3 60er Jahre

In dieser Zeit wurden „Räume zunehmend spezialisiert und Spezialräume voneinander abgetrennt" (Zeiher, 1994, S. 355). Auf der Straße machte sich eine zunehmende Automobilisierung deutlich. Straßen wurden ausgebaut, Parkplätze eingerichtet, Fußgängerwege verschmälert. Auch nahm die Zahl der Supermärkte zu. Die Städte fingen an zu wachsen. Es kam zu einer neuen Phase des Wohnungsbaus. Städte und Dörfer sprengten ihre alten Grenzen. Immer mehr wurden Wohnungen am Ortsrand aufgebaut. So wurden sie vom Arbeitsplatz, aber auch von Orten der Freizeit und der Kommunikation und des Konsums ausgegrenzt. Dadurch waren Wohngegende beschränkt auf Wohnungen und somit unattraktiv für Kinder. Man lag sehr viel Wert auf gepflegte Gegenden. Freie Grundstücke wurden zugebaut mit Wohnungen.

Kinder wurden zunehmend von der Welt der Erwachsenen verdrängt. Doch gleichzeitig entfaltete sich ein neues Interesse an Bildung und Erziehung. Sie wurden als „gesellschaftliche Aufgabe neu definiert und in einer breiten neuen Mittelschicht als Mittel familiären Aufstiegs gesehen." (Zeiher, 1994, S. 357) Das Interesse an Kindern nahm also zu. So kam es zu verschiedenen Bildungsreformen. Nicht nur schulische sondern auch außerschulische Aktivitäten waren Zielscheiben der Bildungsmaßnahmen. So entstanden in diesem Zuge immer mehr Spielplätze, Sportanlagen, Kindergärten, Freizeithäuser und verschiedene gesellschaftlich organisierte Spezialräume für Kinder. Wohngebiete ohne diese Anlagen wurden nachträglich um diese erweitert und neue Wohnanlagen entstanden mit immer neueren spezialisierten Formen.

3.4 Ab den 70er Jahren

Nachdem sich nun pädagogische Maßnahmen in den 60er und Anfang der 70er Jahren entfaltet hatten, sprach man nun Mitte der 70er Jahre von „sozial-politischen Problemen des Bezugs der Kindereinrichtungen zu den Lebensweisen der Familien und Kinder im lokalen Umfeld" (Zeiher, 1994, S. 358). Sozialpädagogische Fragen waren nun im Zentrum der Experten. Es ging um Fragen wie nach dem Lebensraum der Kinder.

Gegen Ende der 70er Jahre konnte man wieder verkehrsberuhigte Straßen finden. Es kam häufig zu

Demonstrationen gegen Autobahnbauten. Kinder hatten wieder viel Platz zum Spielen. Bürgerinitiativen trugen dazu bei, dass Nahräume wieder belebt wurden. Es entstanden Nachbarschaftsgruppen. Straßenfeste wurden organisiert und viele kleine Lokale und Läden öffneten.

Eine andere Veränderung in Bezug auf Kinder fand in den 80er Jahren statt. Politiker, Eltern und Stadtplaner diskutierten darüber, wo sich Kinder in der Gesellschaft verorten sollten. Schlagwörter wie „Gemeinwesenorientierung", „Wohnungsnähe", „Dezentralisierung" und „Lebensweltorientierung" (Zeiher, 1994, S. 358) haben hier ihren Anfang. So boten z.B. Schulen Ganztagsangebote an oder es fand mobile Jugendarbeit statt, mit dem Ziel, auseinandergerissene Lebensbereiche der Kinder lokal zusammenzufügen und räumliche Abgrenzungen von Einrichtungen zu öffnen. Doch diese und ähnliche Maßnahmen erreichten nicht alle Kinder. Viele Familien zogen in Randgebiete, da die Wohnungen in der Stadt zu teuer waren. Dies sorgte für eine „regionale Kinderlosigkeit" (Herlyn 1990; Bertram 1991).

3.5 Nachbarschaftliche Spielgruppen

In diesem Kapitel geht es nun um einen historischen Vergleich. Untersucht werden nachbarschaftliche Spielgruppen unter den städtischen Arbeiter- und Kleinbürgermilieus zu Beginn des 20. Jahrhunderts (Zeiher, 1994, S. 359ff; vgl. Muchow und Muchow 1935; Behnken, Zinnecker und du Bois-Reymond, 1989).

Immer mehr werden heutzutage Spielaktivitäten auf organisierte Räume mit Grenzen und Gesetzen verlegt. Am Anfang des 20.Jhr. war das noch etwas anders. Die Kinder waren zwar zu Hause in engen Räumen mit den Eltern zusammen, aber draußen waren sie in ihrer eigenen Gruppe. Sie erfanden Spiele und verschiedene Tätigkeiten, mit denen sie sich ihre „Freizeit" füllten. Hier waren sie eigenständig. Die Eltern oder die Nachbarn griffen nur ein, wenn sie Gefahr spürten.

Unter den Kindern, die in der gleichen Gegend wohnten, entstanden sogenannte Nachbarschaftliche Kindergemeinschaften. „Jedes Kind trug die Gemeinschaft mit und wurde von dieser getragen und ertragen." (Zeiher, 1994, S. 360)

Gleichzeitig gab es spezielle Orte, die als Kindereinrichtungen dienten. Hier waren Kinder räumlich von den Erwachsenen getrennt. Es fand eine Entmischung beider Gruppen statt. Kindern wurde ein fertiges Programm aufgezogen. Sie wurden betreut durch professionelle „Pädagogen". Von diesen wurden die Kinder „zu einem bestimmten Tun angeregt, trainiert, belehrt, kontrolliert, begutachtet" (Zeiher, 1994, S. 360). Neuere pädagogische Richtungen konnten in diesen Einrichtungen angewandt werden. Jedes Kind wurde als einzelnes Individuum betrachtet, dass der Einrichtung gegenüber stand. Untereinander war die Beziehung der Kinder ein Nebeneinander mit Distanzen.

Solche Institutionen produzierten Strukturen, Räume oder Curricula, mit der Handlungsmöglichkeiten für Kinder sowohl eröffnet als auch begrenzt wurden. Denn man versuchte auf diese Weise das Handeln der Kinder zu steuern. Die Arbeiter in den Institutionen sorgten dafür, dass die vorab definierten Institutionsziele und Organisationspläne realisiert wurden. Zeiher (1994, S. 361) schreibt dazu: „Je wirksamer strukturelle Vorgaben das Handeln der Kinder regulieren, desto überflüssiger wird die persönliche Gewaltausübung Erwachsener über die Kinder."

4.0 Raumerfahrung

In diesem Kapitel werden verschiedene Raumerfahrungen analysiert. Die Aufteilung erfolgt in „Straße", Verhäuslichung und Verinselung.

4.1 Die „Straße"

Die „Straße" gilt als öffentlicher Raum und der Begriff „Straßensozialisation" ist auf Zinnecker (1979) zurückzuführen. Das Kind lernt auf der Straße gesellschaftliche Macht- und Ungleichheitsverhältnisse (Nissen, 1998, S. 153), sowie gesellschaftlich legitimierte Hierarchien kennen. Allerdings verläuft dieses Kennenlernen nicht immer auf die gleiche Art und Weise. Bauernkinder z.B. leben unter völlig anderen Voraussetzungen als die Kinder der Adeligen. Hinsichtlich ihres Raumnutzungs-, Raumbesetzungs-, und Raumerschließungsverhalten, sowie der Bewertung von Räumen, unterscheiden sich die Individuen „je nach soziokultureller, gesellschaftlicher Situation (die bestimmt ist durch Faktoren wie Schichtzugehörigkeit,

58

Alter und Geschlecht)" (Nissen, 1998, S. 153). In diesem Fall wird das Kind als Subjekt seiner eigenen Sozialisation gesehen. Demnach beeinflusst das soziale Umfeld die Persönlichkeitsentwicklung des Kindes. So werden der öffentliche Raum und die Erwartungen, die an das Kind gerichtet sind, durch das gesellschaftliche Umfeld bestimmt (Spellerberg, k.A., S. 3).

Die Sozialisation in städtischer Umgebung erfolgt nach de Lauwe (1977, S. 26) auf folgende Art und Weise: Das Kind verinnerlicht „Vorstellungs- und Wertsysteme, gewinnt je nach Sozialisationswelt Identität nach verschiedenen Modellen. Mit zunehmendem Alter gewinnen die außerfamiliären Modelle der Identitätsgewinnung eine wachsende Bedeutung, und die ‚Lektüre‘ der Gesellschaft, wie sie durch die Umgebung angeboten wird, kann sich als eine Quelle der Bereicherung erweisen, oder - ganz im Gegenteil - als eine Einschränkung der Möglichkeit, seine Horizonte auszuweiten und zur Gesellschaft hin sich zu öffnen." So entwickelt sich das Kind zu einem Individuum der Gesellschaft.

Allerdings gibt es heute nach Nissen (1998) kaum noch Kinder, die sich zum größten Teil auf der Straße sozialisieren. Auch Zinnecker (1990) sieht das so und spricht deshalb von Verhäuslichung anstatt von Straßenkindern. Bevor wir im nächsten Kapitel auf die Verhäuslichung eingehen, zunächst einmal etwas zum Begriff Straßenkindheit.

Dieser Begriff ist Ende des 19.Jhr. Anfang des 20.Jhr., in der Zeit der Urbanisierung und der

Industrialisierung entstanden. Vor allem die Kinder der unteren Schichten waren „Straßenkinder". In den oberen Schichten fand eine Verhäuslichung statt. Bei Kindern kleinbürgerlicher Familien spricht man von Mischformen, also sowohl Straßenkinder als auch verhäuslichte Kinder (Nissen, 1998, S. 164). Das Alter der Kinder wird von Nissen auf drei bis vierzehn beschrieben. Sowohl Jungen als auch Mädchen waren Straßenkinder. Es gab keine geschlechtlichen Unterschiede. Straßenkinder waren dadurch gekennzeichnet, dass sie frei spielen konnten ohne Einschränkungen. Es gab wenig bis keine Vorgaben, an die sie sich halten mussten. Ihre Spielregeln mussten sie sich selber erstellen (vgl. Spellerberg, k.A. S. 4). Die Straßenkindheit wurde durch die zunehmende Entstehung von Bildungseinrichtungen, durch die Verhäuslichung ersetzt.

4.2 Verhäuslichung

Mit dem Anstieg der gesonderten Einrichtungen für Bildung und Erziehung, der Automobilisierung der Gesellschaft und der Funktionalisierung des öffentlichen Stadtraumes für Handel und Verkehr, entstand eine Verhäuslichung der Kindheit. Lern- und Lebensereignisse, die vorher auf der Straße stattfanden, verlagerten sich in geschützte und kontrollierte Innenräume. Solche Einrichtungen gab es auch schon im 17. Jahrhundert. Allerdings konnten es damals nur Kinder der oberen Schichten besuchen. Heute ist dies nicht mehr so. Bildungseinrichtungen werden und können von jeder Schicht besucht werden, was u.a.

bewirkt, dass die Verhäuslichung in allen Schichten verstärkt wird (vgl. Spellerberg, k.A. S. 4).

Die Verhäuslichung, ist laut Zinnecker (1990, S. 143), „ein gesellschaftliches Gestaltungsprinzip, das darauf basiert, soziale Handlungen mit Hilfe dauerhafter Befestigungen voneinander zu isolieren und auf diese Weise stabile und berechenbare Handlungsräume zu schaffen."

Die Eigenschaften beschreibt er (1990, S. 143ff) folgendermaßen: „Verhäuslichung grenzt die Bewegungsfreiheit menschlicher Körper als Handlungsträger ein. Die stabile Ordnung der Räume verlangt nach statischen Körpern; nach Körpern, die sich mit einer gewissen Präzision und Berechenbarkeit in der umgrenzten und durchgestalteten Umwelt bewegen können. Gewisse archaische Handlungsmuster ... werden obsolet; ebenso wie es der sozialen Umwelt erschwert wird, in die verhäuslichten Handlungsabläufe einzudringen. ... (Verhäuslichte Handlungsorte) befördern die bestimmte normative Zuordnung von Handlungstypen zu Orten. Welche sozialen Handlungen und Handlungssequenzen sind für diesen Typus von Ort gesellschaftlich vorgesehen und welche sind dort ausgeschlossen? Die räumlich soziale Ordnung der Gesellschaft lässt sich auf diese Weise stabiler in der Geschichte verankern, als dies mit rein symbolischen Territorialitäten möglich wäre."

So werden also Kinder in ihren Handlungen eingegrenzt. Sie befinden sich in „Räumen", in denen sie kontrolliert werden können. Räume, in denen sie sich in der Nähe von Erwachsenen befinden. Berg (1991, S. 21) sieht es sogar als eine "fürsorgliche Belagerung" der Kinderwelt durch die Erwachsenengesellschaft. So wissen Eltern zu jedem Zeitpunkt, wo ihre Kinder sind, was sie gerade machen und welcher Erwachsene sich in ihrer Nähe befindet. Somit sind diese Räume geplante Spiellandschaften, die konkrete Spielerwartungen an die Kinder stellen (Spellerberg, k.A. S. 5).

Nach Nissen (1998, S. 166) führt das dazu, dass Kinder, von Situationen, in denen sie früher ganz automatisch der gesellschaftlichen Umwelt begegnet sind, und als Teil der Gesellschaft am öffentlichen Leben teil hatten, immer weiter entfernt werden. Verhäuslichte Handlungsräume versuchen nun diese Funktion zu übernehmen.

Diese ganze Entwicklung führt, um es wie Zeiher (1983) zu nennen, zu einer Verinselung. Diesem Konzept widmen wir uns im nächsten Kapitel.

4.3 Verinselung

Der Begriff „Verinselung" oder „verinselte Kindheit" geht auf Zeiher (1983) zurück. Gemeint ist die Tendenz zur Entstehung verinselter Lebensräume. Sie geht davon aus, dass es keine einheitlichen Lebensräume mehr gibt, wovon Pfeil in den 50er Jahren ein Modell entwickelte, womit sie die räumliche Aneignung der Umwelt durch die Kinder in konzentrischen Kreisen beschrieb. Zeiher (1983, S. 187) schreibt: „Dieses Modell des einheitlichen Lebensraumes setzt voraus, dass alle Funktionstrennungen so gleichmäßig gestreut und so dicht im Raum verteilt sind, dass im Prinzip um jede Wohnung herum ein Segment herausgeschnitten werden kann, in dem alles Tun seinen Ort finden kann." So schlägt sie ein anderes Modell vor: verinselte Lebensräume. Ein verinselter Lebensraum besteht aus separaten Stücken, „die wie Inseln verstreut in einem größer gewordenen Gesamtraum liegen, der als Ganzer unbekannt oder zumindest bedeutungslos ist" (Zeiher, 1983, S. 187; vgl. Sachs, 1980).

Die Tätigkeiten, die Kinder ausüben, werden an besonderen Orten zusammengezogen. Aber die Orte dieser Tätigkeiten rücken räumlich auseinander. „Zum Ballspielen, früher vor nahezu jedem Wohnhaus möglich, liegt der nächste Sportplatz mehr oder weniger weit entfernt. Entsprechendes gilt für Geschäfte, in denen eingekauft wird. Ein anderes Beispiel ist die Schließung kleinerer Schulen zugunsten großer Schulzentren." (Zeiher, 1994, S. 361)

So ist die Sozialisation nicht mehr an die nähere Umgebung der Eltern gebunden. Stattdessen werden die Angebote für Kinder stärker ausdifferenziert oder kommerzialisiert (Spellerberg, k.A. S. 5). Die Angebote verteilen sich auf verschiedene Stadtgebiete. In einem Stadtviertel alleine gibt es niemals alle Angebote auf einmal. Die Orte, die von den Kindern genutzt werden, liegen weit verstreut. Die Kinder ziehen also wie von Insel zu Insel und nehmen die Angebote wahr, die zur Verfügung stehen oder besser gesagt, die von den Erwachsenen zur Verfügung gestellt werden. Die Räume zwischen diesen Inseln gehören nach Zeiher (1994, S.

362) den Erwachsenen und sind für Kinder uninteressant, gefährlich, unzugänglich oder auch unbekannt.

Die Folgen dieser Verinselung werden folgendermaßen beschrieben (Zeiher und Zeiher, 1994):

- Partikularisierung der Sozialbeziehungen
- Erhöhte Anforderungen an zeitliche und räumliche Planungskompetenz
- Abhängigkeit der Kinder von elterlichen Transportleistungen bei der Raumerschließung

Mit Partikularisierung der Sozialbeziehungen ist folgendes gemeint: Jedes Kind hat seine eigene Inselzusammenstellung. Auch die Inselrouten sind verschieden. An jedem Ort, an jeder Insel, trifft man eine andere Gruppe, die man in anderen Inseln selten trifft. Zudem hat jede Einrichtung ihre eigenen Mitarbeiter. So ist an jedem Ort das Kind nur partikular, also für begrenzte Zeit und mit einzelnen Interessen, angesiedelt. Als ganze Person gehört das Kind nirgends wo an. Somit ist die Partikularisierung des Raumes auch gleichzeitig eine Partikularisierung der Sozialbeziehungen.

Zudem wächst die Komplexität des Netzwerkes von Terminen durch die Ausweitung und Verinselung der individuellen Lebensräume. Die Bewegung der Kinder zwischen den ausgegrenzten Spielorten müssen koordiniert werden. Dies führt zu einer Ausgrenzung von Zeitstücken aus der Lebenszeit (Zeiher, 1994, S. 364). Das heißt, dass die Individuen die Gestaltung ihres Lebens selbst bestimmen müssen. Die Handlungen laufen in bestimmten Abfolgen ab. Beginn und Ende von diesen

Handlungen sind klar definiert. Auch Transportwege müssen mitberechnet werden (vgl. Zeiher und Rabe-Kleberg, 1984).

Die soziale Integration kann sich in diesen geplanten Handlungen nicht ungeplant herstellen. So müssen also Kommunikationsgelegenheiten ebenfalls geplant werden. Sonst entsteht eine Isolation. „Der Isolation kann nur entgehen, wer sich aktiv zu organisierten Veranstaltungen begibt oder Kontakte selbst initiiert." (Zeiher, 1994, S. 366) Die Kinder müssen also aktiver sein als in einheitlichen Lebensräumen. Sie müssen soziale Beziehungen herstellen, sich um Freunde bemühen oder um sie konkurrieren. Dies führt dazu, dass die Bestimmung der alltäglichen Lebensführung individualisiert wird.

Wohin diese ganze Entwicklung führt, wird im nächsten Kapitel beschrieben.

4.0 Schlussfolgerung

Wenn wir uns nun die Entwicklung aus Kapitel 3 noch einmal vor Augen führen und die Entwicklung vom Straßenkind zur Verhäuslichung miteinbeziehen, können wir sagen, dass Kinder mehr und mehr durch immer stärkere Bebauung, steigendes Verkehrsaufkommen usw. aus dem öffentlichen Raum und in geschützte Räume gedrängt werden (Spellerberg, S. 5).

Zudem ist es nicht mehr selbstverständlich, dass Kinder in ihrer Wohnumgebung mit gleichaltrigen Spielen; einer der Gründe hierfür ist aber auch der

Geburtenrückgang (Spellerberg, S. 5). Die Kontakte zu anderen Erwachsenen, als ihre Eltern oder dem Personal in den verschiedenen Institutionen, werden auch immer weniger.

All diese Entwicklung (Straße – Verhäuslichung – Verinselung) führen zu einer Institutionalisierung, das heißt die moderne Kindheit unterliegt einer Institutionalisierung. Die Aktivitäten der Kinder verlagern sich in institutionalisierte Binnenräume. Die meiste Zeit des Tages verbringen die Kinder in verschiedenen Bildungs- und pädagogischen Einrichtungen, wie z.B. Schule, Kindergarten usw. Auch ihre „Freizeit" verbringen sie in „Inseln", wie z.B. Vereine, Verbände, Kirchen oder kommerzielle Veranstalter.

Als Kennzeichen dieser Institutionalisierung gelten nach Nissen (1998, S. 168) folgende Punkte:

- Feste Termine
- Festgelegter Zeitlicher Umfang
- Verbindlichkeiten (z.B. Anmeldung oder Gebühr)
- Existenz bestimmter gesellschaftlicher Normen

Somit geht die Spontaneität der Kinder verloren. Es muss alles geplant und organisiert werden. Absprachen müssen stattfinden. Die Eltern müssen sich darum kümmern, wie ihre Kinder von Insel zu Insel kommen, welchen Bus sie nehmen oder wie sie ihren Hunger auf dem Wege stillen. Die Kontakte mit einem

66

gleichen Freund werden begrenzt auf bestimmte Zeitpunkte an bestimmten Orten.

Das Ergebnis dieser Veränderung der Raumnutzung führt dazu, dass das Kind Abhängigkeit von den Erwachsenen wird, da von ihm Sachen verlangt werden, die er nicht erfüllen kann.

5.0 Literatur

- Beck-Gernsheim E.: Die Inszenierung der Kindheit. In: Psychologie heute, Nr. 12, 1987, S. 30-35
- Behnken I., Zinnecker J. und du Bois-Reymond M.: Stadtgeschichte als Kindheitsgeschichte. Lebensräume von Großstadtkindern in Deutschland und Holland um 1900. Opladen, 1989
- Berg C.: Kinderleben in der Industriekultur. In: ders. (Hrsg.): Kinderwelten. Frankfurt am Main, 1991, S. 15-40
- Bertram H.: Neue Eltern – neue Kinder? In: Ebert S. (Hrsg.): Zukunft für Kinder. Grundlagen einer übergreifenden Politik. München und Wien, 1991, S. 107-136
- Chombart de Lauwe M.J.: Kinder-Welt und Umwelt Stadt. In: Arch + Nr.34, 1977, S. 24-29
- Hurrelmann K. und Geulen D.: Zur Programmatik einer umfassenden Sozialisationstheorie. In: Hurrelmann K. und Ulrich D. (Hrsg.): Handbuch der Sozialisationsforschung. Weiheim und Basel, 1980, S. 51-67

- Hurrelmann K.: Einführung in die Sozialisationstheorie. Über den Zusammenhang von Sozialstruktur und Persönlichkeit. Beltz: Weinheim und Basel, 1993
- Pfeil E.: Das Großstadtkind. München und Basel, 1965
- Herlyn U.: Leben in der Stadt. Lebens- und Familienphasen in städtischen Räumen. Opladen, 1990
- Muchow M. und Muchow H.H.: Der Lebensraum des Großstadtkindes. Bernsheim, 1978 (1.Auflage 1935)
- Nissen Ursula: Kindheit, Geschlecht und Raum: sozialisationstheoretische Zusammenhänge geschlechtsspezifischer Raumaneignung. Weinheim: München, 1998
- Sachs W.: Über die Industrialisierung der freiwüchsigen Kindheit. In: Paed. Extra 7/8, 1981, S. 24-28
- Spellerberg A.: Raumerfahrungen in der modernen Kindheit. http://ibadet.net/misawa/raum.htm, k.A. Stand: 13.05.2005
- Tillman K.J.: Sozialisationstheorien. Eine Einführung in den Zusammenhang von Gesellschaft, Institution und Subjektwerdung. Reinbek, 1989
- Zeiher H.: Die vielen Räume der Kinder. Zum Wandel räumlicher Lebensbedingungen seit 1945. In: Preuss-Lausitz U. u.a.: Kriegskinder, Konsumkinder, Krisenkinder. Zur

Sozialisationsgeschichte seit dem Zweiten Weltkrieg. Weinheim, 1983, S. 176-194

- Zeiher H.: Kindheitsräume. Zwischen Eigenständigkeit und Abhängigkeit. In: Beck U. und Beck-Gernsheim E. (Hrsg.): Riskante Freiheiten. Individualisierung in modernen Gesellschaften. Suhrkamp: Frankfurt am Main, 1994, S. 353-375
- Zeiher H. und Rabe-Kleberg U.: Kindheit und Zeit. Über das Eindringen moderner Zeitorganisation in die Lebensbedingungen von Kindern. In: Zeitschrift für Sozialisationsforschung und Erziehungssoziologie 1, 1984, S. 29-43
- Zeiher H. und Zeiher H.J.: Orte und Zeiten der Kinder. Soziales Leben im Alltag von Großstadtkindern. Weinheim und München, 1994
- Zinnecker J.: Straßensozialisation. Versuch, einen unterschätzten Lernort zu thematisieren. In: Zeitschrift für Pädagogik. Nr.5. 1979, S. 727-746
- Zinnecker J.: Von Straßenkind zum verhäuslichten Kind. Kindheitsgeschichte im Prozess der Zivilisation. In: Behnken I. (Hrsg.): Stadtgesellschaft und Kindheit im Prozess der Zivilisation. Opladen, 1990, S. 142-162

Die Ehescheidung – Ursachen und Folgen

1.0 Einführung

„Bis der Tod uns scheidet!" heißt es bei der Ehegründung. Mit viel Liebe, Zuneigung und Verständnis wird eine Ehe begonnen. Die Paare sind sich sicher, sie werden sich nie scheiden lassen. Auch wenn man ihnen sagt, dass sich mehr als ein Drittel der Paare scheiden, sie sind sich sicher: „Uns passiert so etwas nicht!"

Und doch kommt es bei 37% (BFSFJ, 2003, S. 81) der Ehen zur Scheidung. In steigendem Maße erfolgt die Ehelösung durch Scheidung und nicht durch den Tod.

Ich werde nun versuchen, die Ursachen und die Folgen der Ehescheidung zu beschreiben. Beginnen möchte ich mit zwei der Theorien, die sich mit diesem Phänomen beschäftigen: die Austauschtheorie und die ökonomische Theorie der Familie. Nach dem ich diese beiden Theorien im Grundsatz vorgestellt habe, die Ursachen aufgezeigt habe (Kapitel 3 und 4), werde ich auf die Folgen (Kapitel 5 und 6) der Ehescheidung eingehen.

Beginnen werde ich mit einigen Statistiken, um zu zeigen, wie die Situation der Ehescheidungen in der Bundesrepublik Deutschland ist.

2.0 Statistiken[3]

Wie schon in der Einleitung erwähnt, erfolgt die Ehelösung im steigendem Maße durch die Scheidung.

Während beispielsweise 1960 im früheren Bundesgebiet nur 14,2% der Ehen durch Ehescheidung beendet wurden, waren es im Jahr 2000 37,2%. Dies ist eine Steigung von 23%. In Ostdeutschland stieg der Anteil der durch Scheidung beendeten Ehen von 18,8% auf 32,5%. Im Jahr vor der Wiedervereinigung waren es sogar 38,4%. Dieser rasante Anstieg sollte nicht unbeachtet bleiben.

Insgesamt wurden in Deutschland im Jahr 2000 mehr als 194000 Ehen geschieden. Dies ist rund 1% aller bestehenden Ehen. Die durchschnittliche Ehedauer bei Scheidungen beträgt 12,9 Jahre. Innerhalb von 15 Jahren nach der Eheschließung wird ca. ein Drittel der Ehen geschieden. Von allen im Jahr 1990 in Deutschland geschlossenen Ehen waren im Jahr 2000 bereits 20,6% geschieden.

Es ist damit zu rechnen, dass rund ein fünftel der in den 90er Jahren geborenen Kinder von Ehepaaren im Laufe der ersten beiden Lebensjahrzehnte mit der Scheidung der Eltern Konfrontiert wird. Die geschiedenen Ehen mit minderjährigen Kindern beträgt im Jahre 2000 sogar 48,8%. Welche Folgen dies für die

---

[3] Alle in diesem Teil enthaltenen Angaben stammen aus BFSFJ, 2003, S.80-84

Kinder und für die Eltern hat, werde ich in Kapitel 6 erläutern.

Das Scheidungsrisiko hat seit Mitte der 60er Jahre erheblich zugenommen. Gemessen an den Scheidungsraten des Jahres 2000 zeigt sich, dass 37% der Ehen mit einer Scheidung enden.

Wie aus diesen Statistiken zu sehen ist, steigert sich die Ehescheidung erheblich schnell. Gleichzeitig erhöht sich der Anteil der Paare, die erst gar nicht heiraten, aber dies ist im Moment nicht mein Thema.

Ich werde nun in den beiden kommenden Kapiteln versuchen zu erläutern, wie es zu Scheidungen kommt. Dazu werde ich zwei Theorien, die Austauschtheorie und die ökonomische Theorie der Familie vorstellen. Diese beiden Theorien sind die dominanten Richtungen in diesem Fach. Innerhalb der Familienforschung haben sich diese Theorien mit dem Problem der Ehescheidung beschäftigt.

3.0 Die Austauschtheorie

Nach der Austauschtheorie lässt sich soziales Handeln als Austausch von materiellen oder immateriellen Ressourcen zwischen (mindestens) zwei Akteuren verstehen. Die Akteure verfolgen bestimmte Ziele und verfügen über Ressourcen. Ein Austausch kommt dann zustande, wenn sich die Akteure von dem Tausch wechselseitig relative Vorteile versprechen. Das, was einem Akteur am günstigsten, den höchsten Gewinn bringt, wird als Tauschhandel akzeptiert. Falls keine positive Tauschrelation vorhanden ist, wird ein „negativer Gewinn" (vgl. Vanberg, 1978) vorgezogen, welches noch besser ist, als eine Nichthandlung (Hill, P.B. & Kopp, J., 1990, S. 215-216).

Die Ehe wird in dieser Theorie als eine Tauschbeziehung verstanden. Eine Ehe wird eingegangen, weil hier der Gewinn höher ist als bei alternativ realisierbaren Beziehungen. Als Austausch dienen in der Ehe emotionale Mittel, wie z.B. Liebe, Zuneigung, Verständnis oder Vertrauen (vgl. Safilios-Rothschild, 1976, S. 356).

Für die Austauschtheorie gibt es zwei zentrale Konstruktionen:

1. **Ehequalität:**
   „Wird als die umfassende subjektive Bewertung der ehelichen Beziehung definiert" (Hill, P.B. & Kopp, J., 1990, S. 217).

2. **Ehestabilität:**
   „Wird als zweidimensionales Konstrukt verstanden, welches einerseits die subjektive Einschätzung der Dauerhaftigkeit der ehelichen Beziehung und andererseits den objektiven (formalen) Status der Beziehung – als bestehende Ehe, getrennt lebendes oder geschiedenes Paar – erfasst" (Hill, P.B. & Kopp, J., 1990, S. 217).

Wenn die Ehequalität sinkt und die alternativen nach der Ehe attraktiv sind kann es zu einer Ehescheidung kommen. Wichtig dabei sind noch die sogenannten „Barrieren". Barrieren können soziale, so wie materielle Kosten sein. Stehen keine Barrieren im Weg, so ist die Wahrscheinlichkeit für eine Trennung größer als sonst.

Die Ehestabilität ist nicht von der Ehequalität abhängig. Erst wenn sich die alternativen als weniger nützlich erweisen, steigt die Ehestabilität, weil es sich für eine Alternative nicht lohnt. Das heißt, wenn die Ehequalität zwar hoch ist, kann die Ehestabilität trotzdem gering sein. Genauso ist es auch umgekehrt. Sollte die Ehequalität niedrig sein, aber die nennenswerten Alternativen nicht wahrgenommen werden oder die Ehelösung zu viele Kosten beinhaltet, kann durchaus die Ehestabilität hoch sein.

Die Austauschtheorie bietet nun ein Modell an um die Stabilität von Beziehungen genauer zu erklären: das Investitionsmodell (vgl. Kelley, 1983, Rusbult, 1980).

„Das Investitionsmodell geht von der Hypothese aus, dass die Attraktion und Zufriedenheit mit einer Beziehung die Einbindung (commitment) in die Beziehung stärkt [...]" (Hill, P.B. & Kopp, J., 1990, S. 218).

Man kann dies so erklären: Eine Person in der Ehe ist umso zufriedener, je höher der Nutzen, je geringer die Kosten und je geringer die Erwartungen an die Beziehung. Die Zufriedenheit in einer alternativ Ehe wird dabei, unter Verwendung der gleichen Variablen, nur geschätzt.

Nicht nur die Zufriedenheit spielt hier eine Rolle, sondern auch die Investitionen, die man in die bestehende Beziehung verwendet hat. Dadurch steigt die Bindung, die Ehestabilität, je höher die Investitionen waren.

Somit kann man mit Hilfe dieses Modells verschiedene Typen stabiler und instabiler Beziehungen bilden.

Man könnte nun den Eindruck gewinnen, dass diese Theorie die Scheidung als Kosten-Nutzen-Abwägung betrachtet. Man betrachtet den Kosten-Nutzen einer Ehe, vergleicht sie mit einer Alternative und entscheidet dann. So ist dies aber meistens nicht. Natürlich wird nicht sämtlichen Handlungen eine Kalkulation der Kosten und Nutzen vorangehen. Vielmehr entscheidet man nach einer rationalen Wahlhandlung unter Berücksichtigung verschiedener Kalkulationen, nicht nur der Kosten und Nutzen.

Schauen wir uns nun im nächsten Kapitel die Theorie der Haushaltsökonomie an, die als einzige Theorie (zumindest scheinbar) mit der Austauschtheorie konkurrieren kann.

4.0 Die Haushaltsökonomie

Gary S. Becker und Theodore Schultz waren die ersten, die versuchten familiäres Verhalten mit dieser Theorie zu erklären. Ausgangspunkt dieser Theorie ist es, dass Individuen versuchen, ihren Nutzen zu maximieren und dabei die Kosten so gering wie möglich zu halten.

Nach dieser Theorie kommt eine Heirat als rational, nutzenmaximierende Handlung zweier Personen zu Stande. Es sind „Güter" vorhanden, die innerhalb einer ehelichen Beziehung entweder günstig oder nur dort zu produzieren sind. Innerhalb der familienökonomischen Diskussion gibt es dabei vier Punkte (Hill, P.B. & Kopp, J., 1990, S. 225ff):

- **Kinder:** Außereheliche Kinder sind nur unter widrigen Umständen, unter hohen Kosten durchführbar. Eine positiv bewertete Interaktion mit den eigenen Kindern ist fast nur innerhalb ehelicher Beziehungen möglich.

- **Arbeitsteilung:** In einer Ehe gibt es die Möglichkeit, die anfallenden Aufgaben zu teilen und zu organisieren. Es besteht eine Möglichkeit zur Spezialisierung. In der modernen Gesellschaft, ist diese Argumentation nicht mehr akzeptabel, „wenn man die Unsicherheit zukünftiger Nutzenströme und die Verwirklichungschancen von Alternativen zu einer Ehe bei einer Festlegung auf die häusliche Arbeit betrachtet" (Hill, P.B. & Kopp, J., 1990, S. 225).

- **Emotionen:** Emotionen, wie Liebe, sind hochbewertete Güter, die im höchsten Maße fast nur ausschließlich in der Ehe zu bekommen sind. Ehen sind als langfristige Verträge über die gegenseitige emotionale und affektive Zuwendung zu verstehen. Diese hochbewerteten Güter werden auf eine vermeintliche sichere Basis gestellt, wogegen man bei außerehelichen Beziehungen, immer damit rechnen muss, dass der Partner bei jeder Streitigkeit die Trennung vorzieht. Jedoch in der Ehe wird diese „Liebe" gefestigt.

- **Trennung von den Eltern:** Dieser letzter Diskussionspunkt der Ehe ist für unsere moderne Zeit nicht mehr relevant. Um den elterlichen Haushalt zu verlassen, muss man heut zu Tage nicht mehr heiraten.

Die Haushaltsökonomie geht bei einer Ehegründung davon aus, dass die einzelnen Personen ihren individuellen Ehegewinn maximieren wollen. Es werden Partner gesucht, die den Gewinn maximieren. Man sucht nach Eigenschaftsträgern. Diese Eigenschaften, oder auch traits genannt, sollen dem Individuum den höchsten Gewinn liefern. Würde man aber jedes Mal den optimalen Partner finden, würde es nicht zu Scheidungen kommen. Die Ehestabilität würde sich nicht verändern. Hier sagt die Familienökonomie, dass bei der Suche nach diesen Eigenschaften Suchkosten und Unsicherheiten, aus Gründen der unvollständigen Informationen über die Eigenschaften des Partners, entstehen, welche die Ehestabilität belasten.

Die eheliche Instabilität und die daraus folgende Scheidung ist durch eine rationale Wahlhandlung zu erklären. Wenn die nachehelich zu erwartenden Nutzen den Nutzen der bestehenden Ehe übertreffen, kann es zu einer Beendigung der bestehenden Ehe kommen.

Hohe Suchkosten auf dem Heiratsmarkt machen es wahrscheinlich, dass auch suboptimale Ehen eingegangen werden. „Ein Heiratsangebot wird von Ledigen dann angenommen, wenn der Gewinn des aktuellen Angebots größer ist als der vermutete, durch ein besseres, zukünftiges Heiratsangebot erzielbare Gewinn, wobei dieser Faktor mit der Wahrscheinlichkeit p gewichtet wird, ein solches Angebot zu erhalten. Abzuziehen sind dabei noch die Suchkosten S, um dieses Angebot zu erhalten. Ein Ansteigen der Suchkosten führt also dazu, dass Heiratsangebote wahrscheinlicher angenommen werden als zuvor“ (Hill, P.B. & Kopp, J., 1990, S. 229).

Die Suchkosten führen also dazu, dass ein breiter Eigenschaftsraum akzeptiert wird. Man wird nicht wählerisch. Man senkt die eigenen Erwartungen. Damit wächst die Wahrscheinlichkeit, mit einem Partner zusammen zu sein, mit dem man eigentlich nicht glücklich sein kann; und hiermit die Wahrscheinlichkeit, eine Ehe mit einer Scheidung zu beenden, da man mit diesem Partner nicht glücklich wird.

Somit sind die Ursachen für eine Ehescheidung bei der Haushaltsökonomie leicht nachvollziehbar.

5.0 Identitätskrisen

Die Konsequenzen einer Scheidung sind vielfältig: psychische und materielle Belastungen,

Veränderungen typischer Lebensverläufe und nicht zu vergessen die jährlich knapp 100.000 betroffenen Kinder. Für viele Männer und Frauen bedeutet dies eine Lebenskrise. Scheidung bedeutet „das Ende von Hoffnungen und Sehnsüchten, von gemeinsamen Zukunftsentwürfen" (Beck-Gernsheim, E., 1994, S. 159). Es kommt zu einem psychologischen Bruch für die Ehepaare.

Die Partnerbeziehung hat einen wichtigen Stellenwert für die Identität und innere Stabilität eines Menschen. Durch die Beendigung einer Beziehung kommt es dadurch zu einer Identitätskrise, die innere Stabilität bricht zusammen.

Für das Individuum wird die Ehe zu einem Instrument, das „dem einzelnen die Ordnung bietet, in der er sein Leben sinnvoll begreifen kann" (vgl. Berger & Kellner 1965, S. 220). Es wird zu einer sozialen Konstruktion der Wirklichkeit. In der Ehe schafft man sich eine „neue" Welt. Auch die Identität wird zum Zentrum. Mann und Frau definieren sich neu. Im Austausch mit dem Ehepaar sucht man nicht zuletzt auch sich selbst. „In der Beziehung zum Du suchen wir auch unsere eigene Lebensgeschichte [...]" (Beck-Gernsheim, E., 1994, S. 161). Enttäuschen, Verletzungen, Hoffnungen, Freude und Lebensziele werden neu entworfen. Die Ehe wird zu einem Ort, das spezialisiert ist auf die Entwicklung und Stabilisierung der Person.

Wenn man von diesem Konstrukt ausgeht, also dass die Ehe als Stabilisierung einer Person gilt, kann man die Scheidung nicht als ein einfacher Abschnitt des

Lebens betrachten, sondern eher als ein dramatisches Ereignis, dass zu Desorganisation und Depressionen führen kann.

Das Ich wird verletzt, die Identität beschädigt. Gefühle wie Angst, Hass oder Pessimismus werden in der ersten Zeit zum Alltag. Eschweiler hat eine passende Beschreibung dieses Zustands: „Indem sie Hass- und Schmähgefühle entwickeln, fällt es ihnen leichter, sich selbst von der Richtigkeit ihrer Entscheidung zu überzeugen oder .... zu ertragen, dass sie verlassen werden.... Weil es für sie so schwer ist, von der bisherigen Ehe und Familie Abschied zu nehmen, richten viele Menschen ihre Anstrengungen nun darauf, das zu zerstören, was ihnen daran so wichtig war" (Eschweiler, 1989, S. 56). Damit aber nicht genug. Hinzu kommen noch soziale Belastungen wie gesellschaftliche Diskriminierung, ökonomische Bedrohung, sozialer Abstieg.

Kränkungen, Verletzungen können ein lebenlang anhalten, falls man es nicht schafft, sich neu zu entwerfen, aus den Fehlern der Vergangenheit zu lernen. Diese Personen sind dann von einem dauerhaften ökonomischen und sozialen Abstieg getroffen.

Durch diese erwähnten Tatsachen ist es nicht wunderlich, dass es zu einer Identitätskrise kommt. Beck-Gernsheim fasst das wunderbar zusammen:

„Die Scheidung ist ein kleiner Tod. Aber es gibt auch ein Leben nach dem Tod." (Beck-Gernsheim, E., 1994, S. 163).

80

6.0 Folgen für die Eltern-Kind-Beziehung

So wie die geschiedenen Paare eine Krise erleiden, ist auch zu erwarten, dass die Beziehung zwischen den Eltern und den Kindern eine Krise erleidet.

Kinder werden nach der Scheidung einem Elternteil gegeben. Diese Kinder sind unmittelbar die nächsten Personen, die die ständigen Emotionsschwankungen dieses Elternteils mitbekommen. „Kinder repräsentieren darüber hinaus die lebendige, dauerhafte, unauslöschliche Erinnerung an den Partner" (Beck-Gernsheim, E., 1994, S. 163). Sie sind im wahrsten Sinne des Wortes Objekte ihrer Liebe. Sie sind die letzte Verbindung zum geschiedenen Partner.

Der Kontakt des Kindes zum anderen Elternteil wird meistens drastisch gekürzt. In denjenigen Fällen, wo ein Kontakt zu beiden Eltern noch bleibt, werden Kinder zum Medium, zum Mittel. Sie werden zum Spielball und Austragungsort für die andauernden Kämpfe der Eltern.

Wie häufig wird der Kontakt nicht nur zu einem Elternteil stark reduziert, sondern auch zu den entsprechenden Großeltern. Falls der Kontakt mit dem Vater erhalten bleibt, wird er meist durch strikte Regelungen festgelegt (Daten, Pläne, Zeitvorgaben). „Der alltäglich gegenwärtige Vater wird durch den „Terminplan-Vater" ersetzt" (Beck-Gernsheim, E., 1994, S. 165). Da die Mutter nun alleine das Kind erziehen muss, und die finanzielle Lage öfters nicht ausreicht, muss die Mutter ganztags arbeiten und ist somit dem Kind auch nur beschränkt zugänglich. Letztendlich wird der Kontakt zu beiden Eltern eingeschränkt.

Die Scheidung kann viele ökonomische, sowie psychologische Folgen für die Kinder haben. Es gibt eine Reihe von Untersuchungen, die zeigen, welche negativen Folgen eine Ehescheidung für die Kinder hat. Dies kann von Kind zu Kind anders sein. Wichtig sind dabei Merkmale wie Alter, Geschlecht und Bildung.

In einem Punkt sind sich viele Forscher häufig einig: Die Scheidung wird für die Kinder als Erleichterung angesehen. Denn nun müssen sie nicht mehr die verbalen Auseinandersetzungen erleben, die vorher Familienalltag waren (Beck-Gernsheim, E., 1994, S. 164).

Fazit: Die Möglichkeiten, zeitliche und emotionale Zugänglichkeiten, die die vollständige Familie einem Kind bietet, werden bei der Scheidung drastisch eingeschränkt. Für das Kind bleiben wenige Bezugspersonen, und die verbleibenden sind weniger verfügbar.

7.0 Schlussfolgerung

Der rasante Anstieg der Scheidungsraten ist nicht nur in der Bundesrepublik zu beobachten. Aus den Statistiken des Bundesministeriums ist ein internationaler Anstieg herauszulesen. In Finnland betrug die Rate 1999 sogar 51% (BFSFJ, 2003, S. 88).

Man müsste die Quellen dieses Anstiegs untersuchen. Also warum es in der Gesellschaft zum Anstieg der Scheidungen kommt. Warum war die Scheidungsrate noch vor 50 Jahren viel geringer als jetzt? Da dies den Rahmen meiner Hausarbeit sprengen würde, möchte ich nur kurz darauf eingehen. Mir fallen 3 wichtige Punkte auf:

1. **Sittenverfall, Werteverfall:** Es wird kein Wert mehr auf die Ehe gesetzt. Entweder funktioniert es oder nicht.

2. **Man hat keine Lust mehr auf Diskussionen und Probleme:** Man geht einfach, falls es nicht mehr klappt. Dies ist auf einen Egoismus, auf eine stark steigende Individualisierung zurückzuführen

3. **Die Frau ist nicht mehr finanziell vom Mann abhängig:** Dies könnte der Grund dafür sein, warum es früher zu weniger Scheidungen kam.

Unter Beachtung dieser Punkte, ist eine steigende Scheidungsrate zu erwarten. Wie in der Einleitung erwähnt, kommt es bei 37% (BFSFJ, 2003, S. 81) der Ehen zur Scheidung. Mehr als ein Drittel der Ehen endet mit einer Scheidung.

Die Ursachen für die Ehescheidung, sind, mit Hilfe der hier vorgestellten Theorien (Austauschtheorie und die ökonomische Theorie der Familie), leicht zu erkennen.

Ein Beispiel: Man kann mit Recht behaupten, dass die „Liebe" für die Gesellschaft das zentrale Ehemotiv ist. Zum dauerhaften zusammenleben, für ein Intimsystem braucht man „Liebe". Man orientiert sich nach der Liebe. Falls diese Liebe nicht mehr als Tauschmittel vorhanden ist, oder bei alternativen höher ist, kommt es nach der Austauschtheorie und auch nach der Haushaltsökonomie zur Scheidung.

Die Austauschtheorie zeigt, dass die Ehe ein Tausch von verschiedenen Gütern ist. Falls diese Tauschmittel nicht mehr attraktiv sind und die alternativen einen höheren Gewinn versprechen, singt die Ehestabilität und es kann zu einer Scheidung kommen obwohl die Ehequalität hoch ist.

Die Haushaltsökonomie sieht die Ehe als eine nutzenmaximierende Handlung. Genauso auch die Scheidung. Wenn die einzelnen Individuen ihren Nutzen nicht maximieren können und verlockende Angebote ihnen ein Nutzenmaximum versprechen, ist die Wahrscheinlichkeit für eine Scheidung hoch.

Die Folgen einer Scheidung sind vielträchtig. Ich habe hier nur zwei (meiner Meinung nach die wichtigsten) Folgen geschildert: Die Identitätskrise und die Folgen der Eltern-Kind-Beziehung.

Wie leicht es zu einer Identitätskrise kommen kann, ist recht einfach zu erklären. Für die Ehepartner ist die Heirat mit dem Partner vielleicht das wichtigste, oder sogar das richtigste, in ihrem Leben. Und wenn es zu Problemen in dieser Ehe kommt, worin man sehr viel Wert gesetzt und viel investiert hat, ist man hart getroffen. Das Verkraften eines solchen Effektes ist nicht ganz einfach. Das Individuum wird in seiner Stabilität angegriffen. Die Hoffnungen und Träume, die man in diese Ehe gesteckt hatte, gehen plötzlich alle verloren. Die neu definierte Welt bricht zusammen. Man ist gezwungen die Welt noch einmal neu zu definieren und dabei entstehen zu Recht Ängste und Unsicherheiten.

Wenn auch noch Kinder in dieser Beziehung waren, wird die Sache noch schwieriger. Um der Kindeswillen wird öfters eine Beziehung weitergeführt, aber falls es doch zu einer Scheidung kommt, sind die für die Psyche eines Kindes verheerend. Die bestehende Eltern-Kind-Beziehung bringt nur weitere Katastrophen im Leben, die das Kind am härtesten Erleiden muss, da es meistens zwischen den beiden Parteien steht.

8.0 Literaturverzeichnis

- Beck-Gernsheim, E., 1994, Scheidung und Scheidungsfolgen. Soziologische und psychologische Perspektiven, in: Herlth, A., Brunner, E.J., Tyrell, H. & Kriz, J. (Hrsg.), Abschied von der Normalfamilie? Partnerschaft kontra Elternschaft, Heidelberg: Springer, S. 159-174
- Berger P., Kellner H., 1965, Die Ehe und die Konstruktion der Wirklichkeit, Soziale Welt 3: S. 220-235

- BFSFJ, Die Familie im Spiegel der amtlichen Statistik, Erweiterte Neuauflage 2003
- Eschweiler P., 1989, Zur familienrichterlichen Arbeit in der Trennungsphase einer Ehe. In: Bevollmächtigte der Hessischen Landesregierung für Frauenangelegenheiten (Hrsg.) Scheidung und Scheidungsfolgen aus der Sicht der Frau. Wiesbaden, S. 55-64
- Hill, P.B., Kopp, J., 1990, Theorien der ehelichen Instabilität, Zeitschrift für Familienforschung, Heft 3, 1990, 2. Jahrgang, S. 211-243
- Kelley, H., 1983, Love and Commitment. In: H. Kelley et al. (Eds.): Close relationships. S. 265-314. New York: Freeman
- Rusbult, C.E., 1980, Commitment and satisfaction in romantic associations; A test of the investment model. Journal of Experimental Social Psychology 16, S. 172-186
- Safilios-Rothschild, C., 1976, A macro- and micro-examination of family power and love. Journal of Marriage and the Family 37, S. 355-362
- Vanberg, V., 1978, Kollektive Güter und kollektives Handeln. Kölner Zeitschrift für Soziologie und Sozialpsychologie 30, S. 652-679

Gedächtnisentwicklung im höheren und hohen Erwachsenenalter

1.0 Einführung

„Altern" ist ein lebenslanger Prozess, der mit der Geburt beginnt und mit dem Tode endet. Es ist ein Vorgang, der nicht aufgehalten werden kann. Somit ergeben sich zahlreiche Untersuchen und Forschungen zum Prozess des Alterns. Lange Zeit wurde aber dem Erwachsenenalter keine große Beachtung geschenkt. Das Interesse daran bestand zwar immer, aber zum Forschungsgegenstand wurde das „Altern" erst, u.a. als man merkte, dass die Lebenserwartungen in allen Industrieländern deutlich stiegen und die Tatsache, dass inzwischen zwei Drittel aller Menschen älter als 70 Jahre werden. Die folgende Tabelle (BFSFJ, 2003, S. 104) soll dies genauer zeigen:

**TABELLE 31: ANNAHMEN DER AKTUELLSTEN NATIONALEN BEVÖLKERUNGSPROG-
NOSEN ZUR LEBENSERWARTUNG DER MÄNNER UND FRAUEN IN
DEN LÄNDERN DER EU, 1995–2020**

	Männer				Frauen			
	1995	2000	2010	2020	1995	2000	2010	2020
B	73,7	74,4	75,7	77,1	80,5	81,1	82,3	83,6
DK	72,7	–	75,2	76,5	77,8	–	79,9	81,0
D	73,3	–	–	–	79,7	–	–	–
EL	75,0	75,9	77,7	79,1	80,3	81,0	82,4	83,5
E	73,3	74,1	75,3	76,0	81,2	81,9	83,0	83,7
F	73,9	75,2	77,3	79,2	81,9	82,9	84,9	86,7
IRL	72,9	73,6	75,1	76,4	78,4	79,3	80,9	82,4
I	74,9	76,2	77,9	79,6	81,3	82,6	84,4	86,2
L	–	–	–	–	–	–	–	–
NL	74,6	75,4	77,0	78,0	80,4	80,5	81,4	81,7
A	73,6	75,4	76,8	78,3	80,1	81,3	82,6	84,0
P	71,2	72,0	73,8	75,4	78,6	79,2	80,7	82,0
FIN	72,8	73,8	75,6	77,3	80,2	80,9	82,0	83,1
S	76,2	77,2	78,5	79,6	81,4	82,0	83,0	83,8
UK	74,0	75,4	77,4	78,5	79,2	80,2	81,5	82,7

Datenbasis: Eurostat, Europäische Sozialstatistik 2001.
Alle Prognosen wurden im Zeitraum 1992–2001 erstellt und/oder veröffentlicht (beobachtete Werte sind kursiv gedruckt).
– = keine Angabe

Der niedrigste Lebenserwartungswert liegt für das Jahr 1995 bei den Männern in Polen. 71,2 Jahre beträgt die Lebenserwartung der Männer in Polen für das Jahr

1995. In allen Ländern ist eine Steigung festzustellen. Bei den Männern wird für Frankreich ein besonders hoher Zuwachs in der Lebenserwartung vorhergesehen, zwischen 1995 und 2020 (5,3 Jahre). Bei den Frauen trifft dies auf Italien mit 4,9 Jahren zu. Weiterhin ist festzuhalten, was man in dieser Tabelle nicht sieht, dass die Lebenserwartung 60-Jähriger Männer und Frauen in weniger als 40 Jahren um mehr als 20% angestiegen ist und die Säuglingssterblichkeit nähert sich in den nördlichen Staaten den biologischen Minimum an (BFSFJ, 2003, S. 104). Die folgende Tabelle (BFSFJ, 2003, S. 102) soll den Anteil der 60-Jährigen und Älteren an der Gesamtbevölkerung in den EU im Jahre 2020 zeigen:

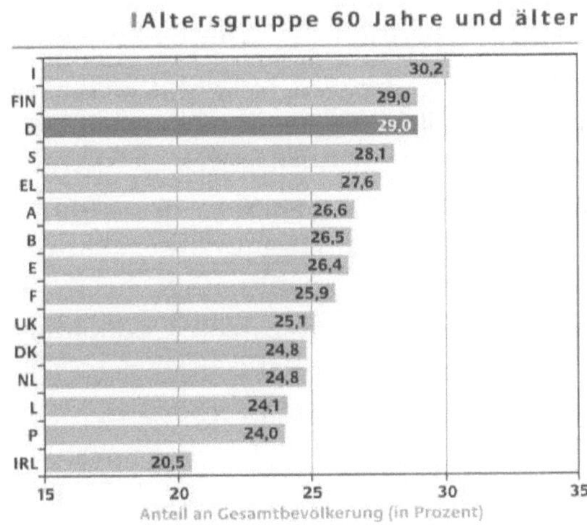

Datenbasis: Eurostat, Europäische Sozialstatistik 2001, eigene Berechnungen

Hier ist zu erkennen, dass mehr als ein Viertel der Bevölkerung in den EU Ländern 60 Jahre alt oder älter sein wird. Dabei sind allerdings Unterschiede zwischen den EU Ländern zusehen. Während in Irland nur ein Anteil von 20,5% älteren Menschen leben wird, werden es in Italien fast 10% mehr sein.

Unter diesem Hintergrund bildeten sich viele Forschungsgegenstände und Fragestellungen bezüglich des „Alterns". Die verschiedenen Einzelwissenschaften beschäftigten sich mit dieser Thematik. Meine Arbeit beschränkt sich auf die Gedächtnisentwicklung im hohen und höheren Erwachsenenalter. Zunächst werde ich in der Einführung, in den Unterkapiteln, Altern aus der Sicht der verschiedenen Einzelwissenschaften (vgl. Filipp, S.-H. & Schmidt K., 1995, S. 440-445) Biologie, Geschichtswissenschaft, Soziologie und Psychologie vorstellen. Danach möchte ich in Kapitel 2 einige Studien zu Subjektive Theorien des Alterns vorstellen. Menschen verfügen selbst klare Vorstellungen darüber, was Merkmale für das „Altern" sind, aber dazu mehr im jeweiligen Kapitel. In Kapitel 3 geht es um die Intelligenzentwicklung und in Kapitel 4 um Emotionalität im Alter. Kapitel 5 beschäftigt sich mit der Thematik der Lebensbewältigung. In Kapitel 6 und 7 werden Forschungsarbeiten zur Gedächtnisentwicklung vorgestellt, wobei in Kapitel 6 die Frage gestellt wird, ob sich Gedächtnisleistungen verbessern können und in Kapitel 7 erforscht wird, ob sich Expertise (Vorwissen) Einfluss auf das Arbeitsgedächtnis hat. Als Primärliteratur habe ich die Arbeit „Mittleres und höheres Erwachsenenalter" von Sigrun-Heide Filipp und Katharina Schmitt aus dem Jahre 1995 benutzt.

Wie schon erwähnt haben die Einzelwissenschaften ihren Beitrag zu diesem Thema geleistet. Sie haben ihre verschiedenen Perspektiven zum Alternsprozess. Im Folgenden werden nun die biologischen, sozialhistorischen, soziologischen und psychologischen Perspektiven kurz vorgestellt werden.

1.1 Altern aus biologischer Sicht

Biologisch gesehen sind die wichtigsten Punkte beim Vorgang des Alterns folgende:

- Das Leben bewegt sich kontinuierlich auf sein Ende zu.

- Mit jedem Tag nimmt die einem Organismus zugedachte Lebenszeit ab.

Alternsprozess wird demnach dem Organismus zugeordnet. Die Veränderungen im Organismus sind weitgehend nicht vorhersehbar und unbeeinflussbar. Dennoch ist biologischer Alternsprozess durch individuelles Handeln und/oder Umweltveränderungen Modifizierbar. Es ist auch beobachtet worden, „dass körperlich aktive Menschen eine höhere Lebenserwartung zu haben scheinen als körperlich weniger aktive" (Filipp, S.-H. & Schmidt K., 1995, S. 440; vgl. Lehr, 1987).

Biologisch spricht man von einer Vielzahl von Genen, die am Alterungsprozess teilhaben sollen. Die den Alterungsprozess verlangsamenden Gene werden „Langlebigkeits-Gene" und die, die es beschleunigen

„Alterns-Gene" genannt. Es ist aber noch nicht geklärt, inwieweit und ob überhaupt diese oder andere Gentypen einen Einfluss zum Altern haben. Von einem „genetischen Programm" kann also noch lange nicht die Rede sein (vgl. Danner & Schröder, 1994).

Was aber sicher ist, ist das Altern Veränderungen in Zellen und Geweben hervorruft. Hierzu gibt es verschiedene Theorien (Filipp, S.-H. & Schmidt K., 1995, S. 441), z.B. die folgenden zwei:

- Theorie der „freien Radikale": Molekularer Sauerstoff geht in den Zellen chemischer Verbindungen ein und bildet dabei Zwischenprodukte, die für lebenswichtige Moleküle der Zelle toxisch sind und die Zelle über die Zeit hinweg schädigen.

- „Reparatur-Mechanismus-Theorie": Mit dem Alter wird es immer weniger wahrscheinlicher, dass die dauernde Schädigung des Genoms durch einen wirksamen Reparaturmechanismus ausgeglichen werden kann. Dies ist auch eine Zellschädigungstheorie.

Es ist auch unbestritten, dass mit dem Altern das Immunsystem geschwächt wird. Dadurch kommt es zu Veränderungen im Kontroll- und Überwachungssystem, so dass die Wahrscheinlichkeit zu Erkrankungen steigt.

1.2 Altern aus sozialhistorischer und soziologischer Sicht

In diesen Wissenschaften sind zwei Untersuchungsmerkmale von besonderer Wichtigkeit:

1. Der Alternsprozess im historischen Wandel (vgl. Borscheid, 1994).

2. Die Stellung der „Alten" als Vergleich zwischen verschiedenen Gesellschaften (vgl. Elwert, 1994).

Die Soziologen haben den Begriff der Geburtskohorte. Jedes Individuum gehört einer bestimmten Geburtskohorte an. Die Idee hinter diesem Konzept ist, dass die Mitglieder einer Geburtskohorte gemeinsam kulturellen und sozialökonomischen Einflüssen ausgesetzt sind. Dies wirkt sich auf den Lebensverlauf aus. Somit spricht man von Kohorteneffekten (vgl. Diekman, 2002, S. 279-287), die auf systematische Unterschiede zwischen den Kohorten verweisen. Es ist aber nicht einfach zu beantworten, welche soziohistorischen Veränderungen solche Kohortendifferenzen erzeugen (vgl. Borscheid, 1994).

Wenn man historische Ereignisse in Verbindung mit Kohortenzugehörigkeit und ihren zeitlichen Abschnitt in individuellen Lebensläufen betrachtet, kann man mit Hilfe empirischer Daten zu wichtigen Ergebnissen kommen. Als Beispiel möchte ich eine Untersuchung von Elder aus dem Jahre 1979 kurz vorstellen.

Und zwar untersuchte Elder den Einfluss der Weltwirtschaftskrise der 20er Jahre auf das Leben der Geburtskohorten 1920/1921 und 1928/1929. Die ersteren waren von den Wirkungen der Krise weniger benachteiligt (z.B. beruflich) als die zweite Gruppe (Elder, 1979).

Als nächstes ist die Rolle des Alternden wichtig. Individuen nehmen zu bestimmten Alterszeitpunkten unterschiedliche soziale Rollen ein. Daraus entstehen alterskorrelierte Veränderungen. Diese Rollenänderungen können auch bewusst und freiwillig sein. Gerade im Erwachsenenalter scheinen diese freiwilligen Rollenänderungen eine wichtige Rolle zu spielen, da zu diesem Zeitpunkt die Handlungsspielräume und Selektionsmöglichkeiten für das Individuum erweitert werden und somit die eigene Entwicklung viel mehr selbst gesteuert wird.

1.3 Altern aus psychologischer Sicht

Aus der psychologischen Perspektive spricht man vom „differentiellem Altern". Dies bedeutet, dass die Veränderungen im Alter, besonders in den Bereichen Verhalten und Erlebens zwar systematisch sind, aber auch eine hohe Variabilität zwischen den einzelnen Individuen zeigen. Es wird sogar behauptet, dass die Variabilität zwischen den Individuen in keinem Lebensabschnitt größer ist als im höheren Erwachsenenalter. In der Psychologie werden hierzu vier Punkte besonders analysiert (Filipp, S.-H. & Schmidt K., 1995, S. 443).

1. Systematische Erfassung und Beschreibung
   der Veränderungen menschlichen
   Verhaltens und Erlebens.

2. Die Bedingungen ermitteln.

3. Die Verarbeitung und Bewältigung der
   negativen Veränderungen des Individuums
   selbst.

4. Maßnahmen zur Vermeidung unerwünschter
   Alterserscheinungen.

Bei der Erforschung dieser Punkte kann man ganz
unterschiedliche Merkmale untersuchen. Man kommt
dadurch auch zu unterschiedlichen Theorien und
Theorieansätzen. Ich werde nun einige Modelle
vorstellen:

- **Disengagement-Theorie:** Das höhere
  Erwachsenenalter sei „nicht nur durch den von
  außen erzwungenen Verlust sozialer Rollen
  gekennzeichnet [...], sondern dass das alternde
  Individuum selbst ein Bedürfnis nach Rückzug
  aus seinen sozialen Bezügen habe und
  insgesamt eine stärker „innengeleitete"
  Orientierung beobachtbar werde" (Filipp, S.-H.
  & Schmidt K., 1995, S. 444). Je älter das
  Individuum wird, desto mehr zieht er sich
  sozial zurück und möchte allein sein. Er
  braucht zwar die Zuneigung, Liebe und „Hilfe"

anderer Menschen, doch orientiert er sich meist nur noch nach sich selbst.

- **Aktivitätstheorie:** Der alternde Mensch möchte weiterhin sozial aktiv sein und in der Gemeinschaft teilhaben.

- **Kontinuitätshypothese des Alterns:** Die lebenslangen erworbenen und gelernten Handlungs- und Orientierungsmuster kennzeichnen das höhere Alter des Individuum.

- **Sozial-emotionale Selektivitätstheorie:** Im hohen Alter steht die emotionale Qualität sozialer Beziehungen im Zentrum. Mit diesem Hintergrund werden soziale Kontakte selektiert.

Die Disengagement-Theorie und die Aktivitätstheorie stehen im Gegensatz zu einander. Die Vertreter der jeweiligen Theorien führten in den 60er ihre Diskussionen und Debatten aus. 1982 kam Atchley mit der Kontinuitätshypothese, die diesen Debatten einen Ausweg liefern sollte. Die Sozial-emotionale Selektivitätstheorie von 1992 von Carstensen eingeführt.

Wie schon erwähnt, gibt es eine hohe Variabilität zwischen den einzelnen Individuen, so dass verschiedene Formen und Modelle des Alterns in den Theorien auftauchen. Die Vielfalt von Alternsverläufen ist unbegrenzt. „Normales Altern" wurde zu „differentiellen Altern". Aus der psychologischen Perspektive wurden nun die verschiedenen Stile und Typen des Alterns untersucht. Schließlich wurde der Begriff des „erfolgreichen Alterns" hinzugefügt. Hierbei geht es um die Bedingungen, unter denen es Menschen möglich ist, ein möglichst langes Leben zu führen (vgl. Lehr, 1987).

Wenn man vom Begriff „erfolgreich" spricht, dann ist dies Definitionssache. Jedes Individuum kann diesen Begriff anders aufnehmen und definieren. Er ist in erster Linie subjektiv. Dadurch wird unser Untersuchungsmerkmal zum „subjektiven Altern". Dies ist auch der neueste Forschungsgegenstand in dieser Thematik. Was kennzeichnet „Altern"? Wie vollzieht sich Altern in der eigenen Person oder in anderen Personen? Dies wird nun im zweiten Kapitel analysiert.

2.0 Subjektive Theorien des Alterns

Jeder Mensch hat ungefähre Vorstellungen von dem, was Altern ausmacht. Diese Vorstellungen sind sowohl auf körperlicher Basis als auch auf psychischer und sozialer. Da diese Annahmen bei jedem Individuum verschieden sein können und dass verschiedene Einflüsse diese Vorstellung prägen, spricht mach vom „subjektiven" Altern. Es werden nun im folgenden Kapitel einige Studien und Theorien vorgestellt. Dabei spricht man von normativen Überzeugungen und individuellen Überzeugungen.

„Normative Überzeugungen bilden ein allgemeines Wissenssystem über lebenslange Entwicklungen" (Filipp, S.-H. & Schmidt K., 1995, S. 446). Als Wissen werden hier Soll-Setzungen gemeint.

Das heißt, Wissen, über das, was in der Gesellschaft in welchem Lebensabschnitt sein sollte (z.B. Ausbildung mit 18, Heirat mit 24 usw.). Auch geht es hier um Wissen, was einzelne Lebensalter kennzeichnet.

„Selbstbezogene, individuelle Überzeugungen richten sich hingegen unmittelbar auf die eigene Entwicklung" (Filipp, S.-H. & Schmidt K., 1995, S. 446). Hoffnungen, Befürchtungen, Erwartungen, Bewertungen des einzelnen Individuums stehen hier im Mittelpunkt.

Psychologische Studien beschäftigen sich mit der Frage, inwieweit sich typische Lebensläufe identifizieren lassen, mit Bezug auf subjektive Annahmen über die Struktur des Lebenslaufs. Diese individuellen Strukturierungen sind meist zeitlich (vgl. Shanan & Kedar, 1980). Es werden Annahmen darüber gemacht, wann man Kind, Jugendlicher, Erwachsener oder alt ist. Unsere Aufmerksamkeit liegt nun auf der Bezeichnung des „alt" seins. Also wann man als älterer Mensch bezeichnet wird. Die meisten Studien in diesem Bereich zeigen, dass dies auch Abhängig vom Geschlecht ist. Für Frauen liegt der Übergang in das hohe Erwachsenenalter im Durchschnitt drei bis vier Jahre früher als bei Männern (vgl. Seccombe & Ishii-Kuntz, 1991; vgl. Zepelin, Sills & Heath, 1987). Nach einer repräsentativen Umfrage von Piel (1989) wird man in Deutschland als Frau ab circa 50 Jahren „alt" und als Mann ab 54 Jahren.

Andere Strukturierungen als die zeitliche, sind Annahmen über Lebensereignisse, wie z.B. Schule, Arbeit, Heirat, Geburt von Kindern. In einer Studie von Byrd und Breuss (1992), die mit verschiedenen

98

Altersgruppen (18 bis 30, 45 bis 55, 65 bis 75) durchgeführt wurde kam es zu hohen Übereinstimmungen in den verschiedenen Altersgruppen. Für die berufliche Karriere sehen die Ergebnisse folgendermaßen aus:

21 Jahre: Berufseintritt
25 Jahre: Feste berufliche Position
45 Jahre: Karrierehöhepunkt
60 Jahre: Ruhestand

Auch das Gefühl, in welchem Alter man sich fühlt, ist Gegenstand von Studien, die den subjektiven Alterserleben ermitteln wollen. Dabei ist eine systematische Unterschätzung zu sehen. Unterschätzungen des Alters fallen umso stärker aus, je älter die Untersuchten Personen sind. Man schätzt sich jünger oder auch sehr viel jünger ein. Bei einer Studie von Filipp und Ferring (1989) kam es sogar zu einer durchschnittlichen Abweichung von 15 Jahren bei den 75-Jährigen Männern. Montepare (1991) zeigte in seiner Studie, dass umgekehrt Jugendliche ihr eigenes Alter überschätzen. Die jüngeren wollen älter sein, die älteren wollen jünger sein.

Eine andere Interessante Frage ist, ob Menschen sich selbst als „alt" bezeichnen. Keith (1977) zeigte in seiner Interviewstudie von 1977, dass dies davon abhängt, wie die Veränderungen, die mit dem Alter einhergehen, im Leben sind. Veränderungen können sowohl gesundheitlich als auch sozial sein. Menschen, deren Einkommen, Gesundheit und aktive Rolle in der Gesellschaft sich verschlechtert, bezeichnen sich häufiger als alt als Personen, bei denen die Veränderungen nicht in großem Maße waren. Während man sich selbst gerne jünger sieht, werden andere Menschen „auf eine andere Weise als alt betrachtet, als man sich" (Oswald, 1991, S. 282) selbst. Anderen älteren Menschen werden viel mehr Schwierigkeiten, Probleme und Belastungen zugeordnet, als man sich selbst. Man vermutet, dass es anderen Älteren schlechter geht. Dabei überschätzt man sich selbst. Dabei wird die Krankheit vielleicht als der wichtigste Indikator für das Altern gesehen. Andere wichtige Indikatoren sind u.a. finanzielle Engpässen, Einsamkeit, Angst, schlechte Wohnverhältnisse. In einer Studie von Harris, Begay und Page (1989) gaben die untersuchten Personen zwischen 60 und 92 Jahren für positives Altern folgende Merkmale an: Zunahme von Freiheit, Freizeit, Unabhängigkeit, Entspannung, Selbstakzeptanz und Familienbezogenheit, Abnahme von Stress und beruflicher Belastung. Negative Merkmale des Alterns sind: verminderte Gesundheit, Beschränkung von Aktivitäten, Isolation, Einsamkeit, Angst vor Abhängigkeit, abnehmende Gedächtnisleistungen und wirtschaftliche Probleme.

In Untersuchungen von Heckhausen (1989; 1990) sollten Jugendliche und Erwachsene Adjektive unterschiedlichen Altersgruppen zu ordnen. Mit welchem Alter eine Entwicklung beginnt. Dabei sollte auch entschieden werden, wie stark diese Eigenschaften sich im Laufe des Lebens verändern und ob diese Eigenschaften erwünscht oder kontrollierbar sind. Insgesamt wurde mit hohem Alter eine zunehmende Zahl von Entwicklungsverlusten verbunden. Die Veränderungen wurden in der Regel eher als

100

kontrollierbar eingestuft, je jünger man ist. Je älter man ist, desto unkontrollierbar wurden die Entwicklungen geschätzt. Heckhausen kam zum Ergebnis, „dass Entwicklung im Erwachsenenalter viele Gewinne und Verluste mit sich bringen kann, dass vieles von einem selbst abhängt und dass mit fortschreitendem Alter nicht nur die Entwicklungschancen geringer und die Risiken größer werden, sondern sich auch die Möglichkeiten zur Einflussnahme verringern" (Heckhausen, 1989, S. 16).

Während bei jüngeren Menschen das Vergessen eines Namens als unbedeutend gesehen wird, wird es bei älteren Menschen als Eigenschaft des Alt-Seins gesehen. Eigenschaften wie Vergesslichkeit und Verwirrtheit werden dem älteren Menschen zugeordnet. Altern wird also mit Gedächtnisverlust in Verbindung gebracht. In einer Studie zeigte sich, dass jüngere Menschen „das Gedächtnisproblem immer dann als gravierend ansahen, wenn es die 70-Jährige Zielperson betraf, aber als weniger ernst, wenn es sich um die 30-Jährige Zielperson handelte" (Filipp, S.-H. & Schmidt K., 1995, S. 452). Ältere Menschen werden mit dem Begriff des Gedächtnisverlustes etikettiert. Während Gedächtnisprobleme bei älteren Menschen als ein Zeichen von Schwäche gesehen werden, ist es bei den jüngeren Menschen nur ein Effekt durch Ablenkung durch äußere Reize.

Diese Studien zum subjektiven Altern zeigen, dass Entwicklungsprozesse nicht als unbeeinflussbar gesehen werden. Es werden verschiedene Einflussfaktoren vermutet. Diese Faktoren liegen unter der Kontrolle des Individuums. Demnach ist Altern, bzw.

sind die Veränderungen, die damit entstehen kontrollierbar. Trotzdem haben jüngere Menschen eher Befürchtungen und negative Erwartungen an den Alternsprozess.

3.0 Intelligenzentwicklung

Mit dem Altern nimmt auch die Leistungsfähigkeit der Intelligenz ab. Es gibt aber Unterschiede in der Abnahme zwischen den Individuen. Es scheint, dass die Entwicklung der Erwachsenenintelligenz von Person zu Person unterschiedlich verläuft. Es ist nicht klar, inwieweit Intelligenzleistungen auf Effekte des kalendarischen Alters, des Testzeitpunktes oder der Geburtenkohorte zurückzuführen sind. Es wird unterschieden zwischen fluider und kristalliner Intelligenz.

- **Fluide Intelligenz:** „Das wesentliche Charakteristikum der fluiden Intelligenz ist, dass die Rolle des kultur- und erfahrungsabhängigen Wissens in den Testleistungen minimiert ist, während sie in den Leistungen, [...], besonders gewichtig ist" (Filipp, S.-H. & Schmidt K., 1995, S. 454). In den Tests werden folgende Merkmale erfasst: Abstrahieren von Relationen, schlussfolgerndes Denken, Begriffsbildung, Aspekte der Informationsverarbeitung.

- **Kristalline Intelligenz:** In diesen Tests sind die Leistungen indikativ. Es werden Leistungsaspekte abgedeckt, die z.B. auf

Sprachgewandtheit, auf schulische Lerninhalte oder Erfahrungswissen zurückgehen.

In Studien wurde herausgestellt, dass fluide Intelligenzleistungen im höheren Alter einen Abfall zeigen. In kristallinen Intelligenzleistungen ist ein solcher Gang nicht zu sehen. Sie bleiben eher stabil oder nehmen sogar zu. Dies kann z.B. dadurch erklärt werden, dass die entsprechenden Fertigkeiten bei der fluiden Intelligenzleistung mit dem zunehmenden Alter weniger genutzt werden. Diese Leistungen werden in Trainingsstudien nur gering angesprochen, während kristalline Intelligenzleistungen im hohen Maße trainierbar sind. Befunde von Schaie (1993) zeigen aber, dass ab dem 90.Lebensjahr auch die kristalline Intelligenz rapide abnimmt. Es ist nun zu untersuchen, warum es zu Unterschieden in den Intelligenzentwicklungen kommt. Als Untersuchungsmerkmale gelten hier Variablen wie Geburtskohorte, Geschlecht oder andere Personenmerkmale.

In der Bonner Gerontologischen Längsschnittstudie (Rudinger & Lantermann, 1980) konnten 38% der Varianz in den Intelligenzleistungen durch die Lebensgeschichte aufgeklärt werden. Dabei waren Merkmale wie Schulbildung, Beruf, Familie und Status sehr wichtig. Schaie (1983) untersuchte Persönlichkeitsmerkmale und kam zum Schluss, dass Menschen, die in jüngeren Jahren flexible Persönlichkeitsstile hatten, mit hoher Wahrscheinlichkeit im Alter ein hohes intellektuelles Leistungsniveau haben. Auch zeigte sich in dieser Studie, das der

Gesundheitszustand der Person die Variable ist, mit der man mit großer Wahrscheinlichkeit vorhersagen kann, ob diese Person mit dem steigenden Alter ihre Leistungsfähigkeit behalten kann oder nicht.

Zusammenfassend kann man sagen, dass es ein empirischer Sachverhalt ist, dass interindividuelle Unterschiede erscheinen, aber ab dem 75. Lebensjahr in der Regel immer eine deutliche Abnahme der Intelligenzleistung zu sehen ist.

3.1 Lernen und Erinnern

Mit dem Alter wird man vergesslicher. Mit Sicherheit ist das „Vergessen", also die Vergesslichkeit das größte und auffälligste Merkmal des Alterns. Ob dies wirklich so ist, also ob man wirklich vergesslicher wird, wenn man älter wird, sollen die von mir nun vorgestellten Studien zeigen. Da Gedächtnisleistungen bedingt durch motivationale Faktoren und sind, müssen wir zwei Hypothesen unterscheiden, die motivationale Hypothese und die fähigkeitsbezogene Hypothese.

Bei der Arbeit mit der ersten Hypothese, kamen Elliott und Lachman (1989) zum Ergebnis, dass ältere Menschen häufig glauben, dass das Gedächtnis „von selbst" funktioniert und sich deshalb nicht anstrengen. Die Vergesslichkeit wird bei älteren als Wirkung des Alterns gesehen („Das liegt an meinem Alter!"). Jüngere sehen es meist als die eigene mangelnde Anstrengung. Demnach ist es für ältere sinnlos, sich mehr anzustrengen, da sie sowieso nichts dafür können, da ihre Vergesslichkeit ein Produkt des Alterns ist.

Studien, in denen fähigkeitsbezogene Hypothesen im Mittelpunkt stehen, zeigen, dass mit Hilfe von Fähigkeiten, wie z.B. der Hör- und Sehgenauigkeit, die Intelligenzleistungen vorhergesagt werden können. Lindenberger und Baltes (1994) konnten Anhand der Hör- und Sehgenauigkeit bei alten und sehr alten Personen über 90% der alterskorrelierten Varianz in Intelligenzleistungen vorhersagen.

Es gibt aber auch eine Reihe anderer Hypothesen. Die Verarbeitungshypothese spricht von der ineffektiven Informationsverarbeitung im höheren Alter. Die Tempohypothese besagt, dass die Informationsverarbeitung insgesamt verlangsamt ist und die Abrufhypothese geht davon aus, dass die Dekodierungsprozesse langsamer werden, u.a. da ältere Menschen mehr Informationen im Laufe des Lebens gespeichert hätten und daher „länger suchen" müssten. Die Kapazitätshypothese spricht von einem begrenzten Aufmerksamkeitspotential des älteren Menschen, wodurch es auch schwerer fällt, wichtige und unwichtige Informationen voneinander zu trennen.

Andere Studien zeigten, dass ältere Menschen besondere Schwierigkeiten darin haben, gelerntes Material wieder abzurufen. Es wird angenommen, „dass es älteren Menschen schwerfällt, Informationen vom Kurzzeit- in das Langzeitgedächtnis zu übertragen" (Filipp, S.-H. & Schmidt K., 1995, S. 461). Außerdem fällt es ihnen schwer, zeitliche Kontexte zu differenzieren. Sie verfügen über weniger effiziente Selektionsstrategien im Abrufen von Informationen.

3.2 Weisheit

Von „Intelligenzverlust" kommen wir nun zu einem Begriff, was repräsentativ für die Intelligenz im Alter steht; die Weisheit. Dieser Begriff ist für die Entwicklungspsychologie zwar nicht neu aber aktueller denn je. Weisheit wird mit hohem Erwachsenenalter verbunden. Es ist die erfolgreiche Bewältigung der Entwicklungsaufgaben im hohen Alter und gleichzeitig auch Entwicklungsziel. Historisch gesehen waren die Menschen, von denen man glaubte, sie seien weise, Menschen im höheren Alter. Es waren Menschen, die gleichzeitig einen hohen sozialen Status in der Gesellschaft hatten. Die „Weisheit" ist verschieden interpretierbar. Für manche ist es erlernbar und für manche von Gott gegeben. Es sind sich aber „alle" einig, dass Weisheit höchst wünschenswert ist. Weise Menschen sind ruhig und gelassen, haben Verantwortung gegenüber anderen Menschen, Streben nicht nach Macht und Ruhm und haben keine Angst vor Alter, Krankheit und Tod.

Clayton (1982) beschäftigte sich mit dem Begriff der Weisheit. Sie kam zum Schluss, dass Individuen als „weise" betrachtet werden, wenn ihr Verhalten Rückschlüsse auf ein besonderes Wissen über die menschliche Natur und ihre Grundprinzipien zulasse. Grundprinzipien sind demnach „Kontradiktion", „Paradoxie" und „Permanente Veränderungen". Weisheit erschließe sich nur aus sozialen Handlungen und Urteilen der Person und es sei im geringen Maße historischen und politischen Fluktuationen unterworfen.

Weiterhin konnte in anderen Studien (Sowarka, 1985) ermittelt werden, dass Geschlechtsunterschiede in der Repräsentation von Weisheit bestehen. Männer sind überrepräsentiert, wenn es um die Bezeichnung „weise" geht.

Ganz anders sieht es mit der Behauptung aus, dass Weisheit mit dem Alter zunimmt. In einer Studie von Smith und Baltes (1990) konnte gezeigt werden, dass nur 5% der Antworten, die die Probanden in einem Interview zur Lebensplanung gaben, als „weise" klassifiziert wurden und dass sich diese über den Altersbereich gleich verteilten. Es ist nach dieser Studie nur eine Vorstellung der Menschen im Kopf, dass nur ältere Menschen „weise" sein können.

Die Forschung von Weisheit steckt noch in den Kinderschuhen. Es gibt u.a. noch Operationalisierungsprobleme. Es ist nicht klar, wie man Weisheit messen soll. **Die Definition und die Wahrnehmung von Weisheit sind verschieden.** In kommenden Jahren wird sich sicherlich diese Forschung weiterentwickeln.

4.0 Emotionalität

Wenn von Emotionalität oder Emotionsentwicklung die Rede war, war lange Zeit die Emotionsentwicklung in der Kindheit gemeint. Erst jüngere Studien beschäftigten sich auch mit dem höheren Alter. Nun wurde untersucht, ob mit der Abnahme der Gedächtnisleistung und anderen Verlusten auch negative

Emotionen zum Schein kommen und ob sich der Emotionsausdruck (z.B. in Gestik und Mimik) mit dem Alter verändert.

Ich werden nun kurz zwei Emotionstheorien vorstellen, die auch bei Filipp und Schmidt näher erläutert werden. Die Theorie differentieller Emotionen und das Zwei-Faktoren Modell.

- Theorie differentieller Emotionen: Diese Theorie ist auf Izard (1977) zurückzuführen. Er nannte es differential emotions theory. Die Theorie besagt, dass „jede der als „primär" angenommenen Emotionen (z.B. Ärger, Traurigkeit, Scham) durch ein spezifisches Erregungsmuster des autonomen Nervensystems (ANS) ausgezeichnet und jede Emotion mit den ihr eigenen spezifischen motivationalen und erlebnismäßigen Aspekten verbunden ist" (Filipp, S.-H. & Schmidt K., 1995, S. 477).

- Zwei-Faktoren Modell der Emotion: Affektive Zustände sind zu unterscheiden hinsichtlich des sie charakterisierenden Erregungsniveaus und ihrer Valenz.

Es gibt einige verschiedene Annahmen über die Emotionalität im Alter. Einige Autoren (Schulz, 1985) machten die Annahme, dass Emotionen im hohen Alter intensiver erlebt würden als in jüngeren Jahren. Für andere wiederum, kam es mit dem hohen Alter zu einer emotionalen Verminderung (Lawton, Kleban & Dean,

108

1993). In anderen Studien konnte gezeigt werden, dass Emotionalität im Alter eher durch „Unterregung" als durch „Überregung" vorhanden ist. Die Intensität der emotionalen Reaktionen sinkt mit dem steigenden Alter.

Auch die am Anfang erwähnten negativen Emotionen, die mit dem Alter zum Schein kommen, konnten nicht belegt werden. Smith und Baltes (1993) stellten sich die Frage, ob Altern mit zunehmender Häufigkeit negativer Emotionen und mit einer Abnahme von positiven Emotionen verbunden ist. Sie untersuchten Personen zwischen 70 bis weit über 95 Jahren und kamen zum Ergebnis, dass zwar positive Emotionen, wie z.B. fröhlichsein, abnehmen, dass aber negative Emotionen, wie z.B. Ärger, Angst, Schuldgefühle, über die Altersgruppen hinweg sich nicht unterscheiden.

Andere Studien (Lawton, Kleban & Dean, 1993) kamen sogar zum Ergebnis, dass ältere Menschen in Selbstauskünften seltener negative Emotionen berichteten und insgesamt sogar eine höhere Zufriedenheit aufwiesen als jüngere Erwachsene. Damit ist wohl eindeutig belegt worden, dass man nicht unbedingt unzufriedener wird je älter man wird oder die Lebenszufriedenheit mit dem hohen Alter sinkt. Die Abnahme des Wohlbefindens konnte nicht belegt werden.
Nun kommen wir zu der zweiten Fragestellung. Ob sich nämlich der Emotionsausdruck in Gestik und Mimik mit dem Altern verändert. Wichtig ist hier auch, wie sich die alternden Organismen des Menschen strukturell verändern. Außerdem muss man bei der Untersuchung dieser Fragestellung beachten, dass die

Lebensgeschichte den Emotionsausdruck im Alter beeinflussen kann.

In Bezug auf die alternden Organismen, wurde behauptet, dass, durch die generelle Verlangsamung der Reaktionen im Alter, auch Emotionen langsamer in Mimik und Gestik beobachtbar wären. Zudem sei es im Alter auch weniger klar, welche Emotion gerade ausgedrückt wird. Dies ist u.a. auf die Beschaffenheit der Haut zurückzuführen. Auch bei der Entschlüsselung der Emotionen sollte es zu Schwierigkeiten kommen, da ältere Menschen weniger „Interesse" daran haben, ihre Emotionen anderen Personen zu senden.

Zu dem letzt genannten Problem, machte Malatesta (Malatesta, Izard, Culver & Nicholich, 1987) eine Studie. Die weiblichen Probanden wurden in drei Gruppen aufgeteilt, 25 bis 40 Jahre, 45 bis 60 Jahre und 65 bis 80 Jahre. Die Probandinnen sollten die Emotionen anderer Frauen im gleichen Alter entschlüsseln. Die Enkodierer mussten sich an ein Ereignis erinnern, dass sie emotionell berührte. Die Emotionsausdrücke wurden auf Kamera aufgenommen und den Dekodierern gezeigt. Diese mussten die jeweilige Emotion angeben (z.B. Angst, Glück). Es konnten in dieser Studie keine alterskorrelierten Unterschiede festgestellt werden. Die Dekodierer konnten bei allen Altersgruppen mit gleich hoher Treffsicherheit die Emotionsausdrücke richtig bestimmen. In Bezug auf Mimik wurden aber Altersunterschiede festgestellt. Die älteren Dekodierer machten mehr Fehler beim Entschlüsseln der Mimik als die jüngeren Frauen.

In einer anderen Studie (Levenson, Cartensen, Friesen & Ekman, 1991) wurde die gleiche Fragestellung untersucht. Allerdings sollten diesmal die jeweiligen Emotionen nur mimisch dargestellt werden. Diesmal zeigten sich klare Altersdifferenzen. In den älteren Gruppen kam es deutlich zu weniger richtigen Treffern als in der jüngeren Gruppen. Levenson gab als Ursache, die altersbedingte Abnahme der Kontrolle über die Gesichtmuskulatur an.

Lawton et al. (Lawton, Kleban, Rajagopal & Dean, 1992) untersuchten die Affektverarbeitung bei unterschiedlichen Altersgruppen auf der Grundlage einer Fragebogenuntersuchung. Dabei kam es raus, dass die älteren Probanden signifikant höhere Werte in emotionaler Kontrolle, Stabilität und Reife zeigten als die jüngeren.

Also auch die Annahme, dass ältere Menschen weniger emotional sind, konnte insgesamt nicht belegt werden.

5.0 Lebensbewältigung

Probleme, Belastungen und andere Stress erzeugenden Situationen beeinflussen die Gesundheit eines Menschen. In jedem Lebensabschnitt werden Menschen mit solchen Situationen konfrontiert. Aber mit Sicherheit kann man Behaupten, dass Belastungen vor allem im hohen Alter auftreten. Zumindest kommen sie häufiger vor. Wir haben aber in den vorigen Kapiteln gesehen, dass Altern keineswegs vorgängig durch negative Emotionen gekennzeichnet ist. Vielmehr hängt die Zufriedenheit vom Individuum selbst ab. Ältere Menschen, und Menschen generell, mit einem hohen Selbstwertgefühl können Belastungen viel leichter bewältigen und die damit verbundenen Selbstwertbedrohungen und negativen Emotionen ausblenden.

Ein anderer wichtiger Einflussfaktor für Zufriedenheit im Alter ist, ob Menschen einen Lebensgefährten haben. In einer Studie von Chappell und Badger (1989), die sie mit über 60-Jährigen Personen durchführten, konnte nachgewiesen werden, dass Lebenszufriedenheit unter anderem davon abhängt, ob Menschen einen Gefährten oder eine Vertrauensperson verfügen. Überraschender Weise spielten andere Faktoren sozialer Einbindung, wie z.B. Verwitwung, Kinderlosigkeit keine Rolle.

Die Bewertung des eigenen Lebens und der damit verbundene Selbstwertgefühl, wird durch die Qualität der früheren Lebenserfahrungen mitbestimmt. Die Lebenszufriedenheit nimmt zu, je stärker man „an sich selbst glaubt".

Die Probleme und Belastungen unterscheiden sich, ob sie im jüngeren oder im älteren Jahren auftauchen. Demnach sind auch Altersunterschiede in der Bewältigung dieser Situationen zu erwarten. Sogar die Art und Weise, wie man Probleme aufnimmt und sie bewältigt, müsste sich mit dem Alter ändern. Einige Studien (Folkman & Lazarus, 1980) zeigten aber, dass Altersunterschiede im Bewältigungsverhalten nicht beobachtbar seien. Nur für einzelne Formen, wie z.B.

112

Distanzierung und positive Umdeutung, konnten eine alterskorrelierte Zunahme berichtet werden. In einer Studie von McCrae (1982) zeigte sich, dass nur 7,1% der untersuchten Bewältigungsformen als alterskorreliert im Altersbereich von 21 bis 91 Jahren erwiesen.

Ein anderer Untersuchungsgegenstand ist die Frage, ob ältere Menschen andere oder effektivere Strategien bei der Bewältigung von Belastungen haben und einsetzen als jüngere Menschen. In einer Studie (Meeks, Carstensen, Tamsky, Wright & Pellegrini, 1989) konnte gezeigt werden, dass ältere Menschen zwar weniger Strategien zur Bewältigung von Belastungen haben, sie aber die Wirkung ihrer Strategien als hoch einschätzen. Demnach haben zwar ältere Menschen weniger Bewältigungsstrategien, aber sie setzen sie effektiver ein als jüngere Menschen.

Leider gibt es bei derartigen Studien noch keine klaren eindeutigen Ergebnisse, die von allen akzeptiert werden oder voll und ganz nachgewiesen werden konnten. Dies sieht man z.B., wenn man jüngere und ältere kranke Patienten untersucht. Aus einer Untersuchung an stationären Patienten mit „gleichen" Krankheitsbildern geht hervor, dass „ältere Patienten ihre Erkrankung als deutlich weniger belastend einschätzen als die jüngeren" (Filipp, S.-H. & Schmidt K., 1995, S. 477). Bei einer anderen Untersuchung (Keefe & Williams, 1990) konnten bei Schmerzpatienten aber keinerlei Altersunterschiede festgestellt werden. Auch bei einer Studie (Filipp, 1992) mit 332 Krebspatienten konnten keine Altersunterschiede entdeckt werden.

6.0 Zufriedenheitsparadox

Alte Menschen sind zunehmend selektiv in der Wahl ihrer Interaktionspartner. Sie pflegen jene Beziehungen und versuchen sie aufrecht zu erhalten, die ihr Selbstwertgefühl stärken. Die Sicherung des emotionalen Wohlbefindens ist das primäre Ziel dieser Beziehungen (vgl. Carstensen, 1992). Ihr Wohlbefinden können sie damit aufrechterhalten, in dem sie sich mit anderen Menschen vergleichen. Sie machen Abwärtsvergleiche und haben damit das Gefühl „anderen geht es schlechter als mir". Gleichzeitig vergleichen sie ihre jetzige Situation mit ihrer Vergangenheit. Somit können sie sich durch diesen Vergleich selbst „trösten" und vielleicht ihr Selbstwertgefühl steigern.

In einer Studie (Filipp & Buch-Bartos, 1994) mit Altenheimbewohnerinnen kam man zum Ergebnis, dass je häufiger die Probandinnen ihren eigenen Aufgaben zufolge zeitliche Vergleiche machten, um so geringer war ihr eigenes Wohlbefinden. Somit kann man annehmen, dass zeitliche Vergleiche meist Aufwärtsvergleiche sind. Man erinnert sich an die Zeit zurück, wo es einem besser ging als jetzt. Durch die altersbedingten Rollenverluste und die reduzierten Kontaktmöglichkeiten kommt es somit zu einer Abnahme des Selbstwertgefühls. Aufwärtsvergleiche sind also keine gute Idee, um das eigene Wohlbefinden zu steigern.

7.0 Strategietraining

Weinert und Knopf, vom Max-Planck-Institut für psychologische Forschung in München, stellten sich die Frage, ob sich Gedächtnisleistungen verbessern, während sich das Gedächtnis verschlechtert. Dabei ging es ihnen um Gedächtnistraining.

Ob es zu Leistungsdefiziten des Gedächtnisses kommt, braucht nicht hinterfragt zu werden. Dies ist offensichtlich. Vielmehr ist es wichtig, ob diese Defizite vermeidbar oder beeinflussbar sind. Dazu werden in psychologischen Studien u.a. Trainingsprogramme durchgeführt. Man geht nämlich nicht mehr vom „normalen" Altern aus, sondern versucht diesen Prozess näher zu untersuchen und Verschiedenheiten zu entdecken.

In neueren Studien kam man zu folgenden Ergebnissen (vgl. Weinert, F.E. & Knopf, M., 1990, S. 91):

- Es gibt alterssensible Funktionen, die schon im mittleren Erwachsenenalter eine ungünstige Veränderung aufweisen.

- Es gibt altersstabile Kompetenzen, die im hohen Erwachsenenalter bestehen bleiben oder sich sogar verbessern.

- Es kann zu großen Unterschieden zwischen den Individuen kommen, die bei der Untersuchung von durchschnittlichen Altersveränderungen nicht erfasst werden.

- Trainingsprogramme können einige Funktionen positiv beeinflussen.

Die Effektivität der Trainingsprogramme ist immer noch fraglich. Die Individualität des Alterns macht es schwieriger eine eindeutige Antwort zu finden. Es ist aber nachgewiesen worden, „dass geistig interessierte, aufgeschlossene und damit intellektuell geforderte und trainierte Menschen einen geringeren (oder gar keinen) Verlust von kognitiven Funktionen (Gedächtnis, Lernfähigkeit, Intelligenz) zeigen als untrainierte" (Weinert, F.E. & Knopf, M., 1990, S. 93). Dies sollte Ansatz und Motivation zu weiteren Forschungen geben. In anderen Studien (vgl. Baltes, Sowarka & Kliegl, 1989; vgl. Kliegl, Smith & Baltes, 1989) konnte gezeigt werden, dass bei alten Menschen, die systematisch trainiert wurden, große Kapazitätsreserven vorhanden sind. Auch konnten große individuelle Unterschiede in der Leistungsfähigkeit innerhalb der Altersgruppen festgestellt werden. Daher, durch die vielen Unterschiede, kommt es in den Studien zu unterschiedlichen Ergebnissen.

Jenseits der Unterschiede gibt es auch typische Muster und Merkmale. Nach Fleischmann gibt es mindestens zehn typische Merkmale bei Altersveränderungen des menschlichen Gedächtnisses. Diese sind wie folgt beschrieben (Fleischmann, 1982):

116

1. Kurzzeitig gespeicherte Informationen werden sehr schnell vergessen.

2. Die Kapazität des Kurzzeitspeichers wird verringert.

3. Bei Ausführen von mehreren Tätigkeiten gleichzeitig, kommt es zu Konzentrationsschwierigkeiten.

4. Neue Informationen können sehr schwer gespeichert werden.

5. Beim Lernen von neuen, unbekannten Informationen treten Schwierigkeiten auf.

6. Die Verarbeitungsgeschwindigkeit im Arbeitsgedächtnis wird reduziert.

7. Bei aufgenommenen Informationen kommt es gering zu einer spontanen Verarbeitungstiefe.

8. Beim Abrufen von Informationen kommt es zu Schwierigkeiten.

9. Gespeicherte Informationen können schneller vergessen werden.

10. Die Interferenzneigung zwischen vorhandenem und neu zu erwerbenden Informationen nimmt zu.

Diese 10 Merkmale kommen bei fast jedem vor. Es kommt nur zu Unterschieden in der Tiefe, also, in der Stärke. Um diese Defizite abzubauen oder sie zu beeinflussen, wurden Trainingsprogramme entwickelt. Das alternde Gedächtnis soll dadurch verbessert werden. Obwohl in einigen Programmen zum Teil Verbesserungen zu sehen waren, gehen Weinert und Knopf kritisch damit um und stellen vier Probleme aus theoretischen und praktischen Gründen auf. Ich möchte diese vier Probleme kurz vorstellen:

7.1 Probleme in Trainingsstudien

- **Die Möglichkeiten sind eingeschränkt**

In den Trainingsprogrammen werden zwei Gruppen miteinander verglichen. Die Experimentalgruppe mit der Kontrollgruppe. In der Experimentalgruppe sind die Personen, deren Gedächtnisleistung trainiert wird. Ein Vergleich findet einmal vor dem und einmal nach dem Training statt. Also ein Pre-Post-Vergleich. Fast immer, kommt man zu den erwarteten Ergebnissen. Nur verfestigen sich alterstypische Unterschiede bei Gedächtnisleistungen, wenn man die Trainingsfortschritte junger und älterer Teilnehmer vergleicht. Man muss also beachten, dass diese Studien „gleichzeitig Hinweise auf erschließbare Kapazitätsreserven des Gedächtnisses im hohen Alter und auf relativ erfahrungsunabhängige, entwicklungsdeterminierte Differenzen der Leistungsgrenzen zwischen altern und jungen Menschen

118

erhalten haben" (Weinert, F.E. & Knopf, M., 1990, S. 94). Dieser Unterschied ist umso größer, je eingeschränkter die Zeit der Aufgaben ist.

- **Nicht umsetzbar im Alltag**

Es ist leider öfters nicht so, dass das gelernte in den Trainings, die erworbenen Kompetenzen, im Alltag umsetzbar ist. Sie sind unter Alltagsbedingungen nicht nutzbar. Und dies ist völlig unabhängig vom Alter der Personen. Es müssen also alltagsnahe Aufgabensituationen in den Programmen entwickelt werden, die zu mehr Effektivität führen.

- **Das Gedächtnis allgemein trainieren**

Durch das Training werden spezifische Gedächtnisleistungen trainiert. Die Frage, ob man auch allgemeine Gedächtniskompetenzen trainieren kann, steht noch offen. Das menschliche Gedächtnis kann nicht durch „normales Muskeltraining" verbessert werden. Die Trainingsprogramme sind auf spezielle Bereiche reduziert.

- **Einseitigkeiten**

Es wird übersehen, dass die Verarbeitung von relevanten Informationen auch durch motivationale Haltungen, Einstellungen und Erwartungen beeinflusst wird. Der Verlust der Motivation fällt bei älteren Menschen zu ihren Ungunsten. Ältere Menschen tendieren dazu, dass negative Bild vom Altern als ihr persönliches Selbstbild zu verinnerlichen. Das führt beim

Lernen und Erinnern zu Reaktionen erlernter Hilflosigkeit. Die Verarbeitung von Informationen wird gestört. Die Gedächtnisleistung wird zum negativen beeinflusst und das selbst erwartete negative Bild des Alterns, nämlich Defizite in der Lern- und Gedächtnisleistung.

Um diese letzteren Probleme zu reduzieren, also die motivationalen Probleme mit dem Gedächtnis, entwickelten Weinert und Knopf ein zweistufiges Trainingsmodell, dass ich nun näher vorstellen möchte. Diese Trainingsprogramme wurden 1982 durchgeführt.

7.2 Reattributionstraining

Viele ältere Menschen fühlen sich hilflos, wenn sie etwas Neues lernen müssen oder sich an etwas erinnern müssen. Auch wenn sie die Fähigkeiten, zur Bewältigung von Lern- und Erinnerungssituationen haben, können sie sie nicht einsetzen. Die eigene Wirksamkeit wird unterschätz. Gründe dafür können u.a. vorausgegangene Misserfolge im Leben sein. Diese Misserfolge werden der eigenen Person zugeschrieben, was das Selbstwertgefühl der eigenen Personen senkt. Externe Ursachen werden nicht weiter beachtet. Dieser Gedanke der Hilflosigkeit schlägt sich negativ in der Bearbeitung von Lern- und Gedächtnisleistungen wieder. Die Konzentration wird beeinträchtigt und somit auch letztendlich die Gedächtnisleistung. Das Reattributionstraining sollte diese Demotivation, diese Hilflosigkeit beseitigen.

120

Das Trainingsprogramm hatte 37 Teilnehmer. Das Durchschnittsalter betrug 63 Jahre. Es gab vier zweistündige Sitzungen. Die Teilnehmer hatten schon einmal vorher in einer anderen Untersuchung teilgenommen und hatten in einem abgeänderten Fragebogen von Weinert und Knopf zur Erfassung des individuellen Attributionsstils besonders schlechte Werte erreicht. 10 Personen, die die Kontrollgruppe bildeten, bearbeiteten die Testaufgaben ohne gleich am Training teilzunehmen. In dem Reattributionstraining kam es zu folgenden Ergebnissen:

- Die, nicht auf die gewünschte Art funktionierenden, Attributionsvoreingenommenheiten bei der Erklärung eigener Misserfolge konnten positiv verändert werden.

- Die Wahrscheinlichkeit realistischer Erfolgserwartungen nach einem Misserfolg konnten auch verbessert werden.

- Die Versuchsteilnehmer wurden bei der Bearbeitung von Aufgaben nicht durch irrelevante Gedanken beeinträchtigt. Dieses Ergebnis wurde mit Hilfe von speziellen Fragen unmittelbar nach dem Training ermittelt.

- Die eigene Leistungsfähigkeit des Gedächtnisses wurde durch die Probanden der Trainingsgruppe im Posttest höher eingeschätzt.

7.3 Strategietraining

Das Strategietraining enthielt die Vermittlung und Einübung von Lern- und Erinnerungsstrategien. Wie bereits vorher erwähnt, verfügen ältere Menschen zwar viele Erwerbs- und Erinnerungsstrategien, sie werden aber gar nicht oder wenig effektiv eingesetzt. Dieses Trainingsprogramm sollte nun keine neuen Strategien vermitteln, sondern die verfügbaren Lerntechniken effektiver machen.

Es nahmen 67 Teilnehmer am Trainingsprogramm teil. Fünf dreistündige Sitzungen wurden als Gruppenversuche durchgeführt. Eine Gruppe besteht aus je drei bis 6 leistungsungleichen Teilnehmern. In der Kontrollgruppe befanden sich 13 der insgesamt 67 Teilnehmer. Es wurden verschiedene Lern- und Gedächtnisaufgaben gestellt. Es kam zu folgenden Ergebnissen:

- Beim Lernen von Wortlisten zeigten sich die stärksten Effekte des Trainings. Es kam zu einer Verbesserung der Gedächtnisleistung. Auch wurde nachgewiesen, dass „die meisten Versuchsteilnehmer selbstständig nach neuen und besseren Strategien suchten, wenn die spontan eingesetzten Techniken erfolglos waren" (Weinert, F.E. & Knopf, M., 1990, S. 98).

- Es wurde auch die Generalisierung der Trainingseffekte auf die Bearbeitung von anderen Aufgaben gemessen. Dazu wurden drei Subtests durchgeführt, bei denen die Teilnehmer der Trainingsgruppe im Unterschied zur Kontrollgruppe deutliche Leistungssteigerungen zeigten.

- Aus Ergebnissen eines Fragebogens, u.a. zur Erfassung des Wissens über Gesetzmäßigkeiten des Lernens und des Gedächtnisses, konnte die Wirksamkeit des Trainings bewiesen werden.

- Das Training konnte aber die pessimistische Haltung der Teilnehmer gegenüber den eigenen Leistungen in den verschiedenen Aufgaben nicht verändern. Nach Aussagen von den Probanden hängt dies damit zusammen, „auf keinen Fall weniger leisten zu wollen, als man von sich selbst erwartet oder zu erwarten zugibt" (Weinert, F.E. & Knopf, M., 1990, S. 99).

7.4 Wirkung des Trainingsprogramms

Sechs Jahre nach diesem Trainingsprogramm, also 1988, konnten Weinert und Knopf 87 der 124 Teilnehmer wieder zu einer Studie einladen und untersuchen. Somit konnten sie ihr Trainingsprogramm auf Langzeitwirkungen untersuchen. Es konnte eine „durchgängige Überlegenheit der Trainingsgruppe im Vergleich zu den durchschnittlichen Leistungen der Kontrollgruppe" (Weinert, F.E. & Knopf, M., 1990, S. 100) nachgewiesen werden.

Die Versuchsteilnehmer wurden anschließend befragt, um diesen Befund näher zu analysieren. Es konnte festgestellt werden, dass durch das Trainingsprogramm sich die Selbstaufmerksamkeit, die generelle Einstellung und das reflexive Verhalten gegenüber dem eigenen Leben veränderte. Dieser Wandel beeinflusste auch das Handeln im Alltag und gewann dadurch zunehmende Stabilität und wurde in alltäglichen Lernsituationen weitertrainiert. Die Probanden führten erlebte Misserfolge nicht mehr auf sich selbst zurück und konnten damit ihr Selbstwertgefühl aufrecht erhalten.

8.0 Einfluss von Expertise

Es besteht die Annahme, dass Leistungsdefizite im Alter, ein Produkt der sinkenden Effektivität des Arbeitsgedächtnisses sei. Das Arbeitsgedächtnis ist wichtig für das Erlernen von neuen Informationen. Denn im Arbeitsgedächtnis werden Informationen gespeichert und erst später im Langzeitgedächtnis abgelegt. Wenn es in diesem Punkt zu Schwierigkeiten kommt, werden andere Teile des Gehirns mit beeinflusst. Die Leistung sinkt somit.

Frühere Ergebnisse, wie z.B. von Salthouse zeigen, dass sich die Leistung des Arbeitsgedächtnisses im höheren Alter verschlechtert. Dies ist im folgenden Abbild (Salthouse, 1992, S. 43) besser zu sehen:

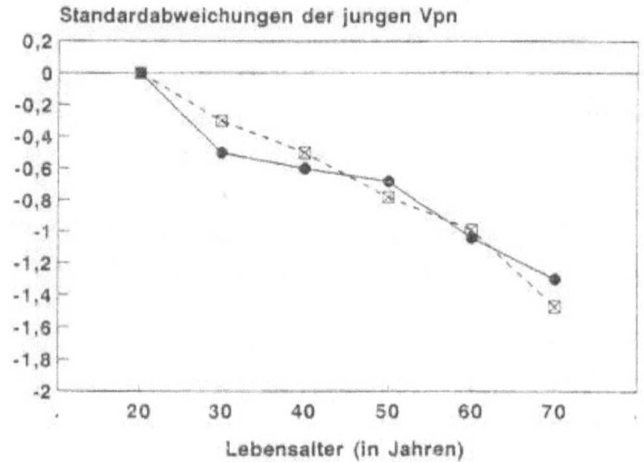

Salthouse führte seine Untersuchung mit 1200 Teilnehmern aus. Es ist in dem obigen Abbild eine ständige Abnahme der Effektivität des Arbeitsgedächtnisses zwischen 20 und 70 Jahren, um fast 1,4 Standardabweichungen zu sehen. Als Indikator waren Aufgaben für die Hörspanne und Aufgaben für die Rechenspanne gewählt worden.

In dieser und auch in anderen Studien (Babcock & Salthouse, 1990; Hasselhorn, 1990) konnte gezeigt werden, dass die Aufgabenstellungen nicht die entscheidende Rolle bei der Verschlechterung des Arbeitsgedächtnisses spielen. Vielmehr geht es um eine alterskorrelierte Verringerung der Informationsverarbeitungsgeschwindigkeit allgemein. Mit dem Alter sinkt die Geschwindigkeit der Informationsverarbeitung. Und diese Verringerung kann sich aufgabenabhängig unterschiedlich stark manifestieren.

Es ist also zu fragen, ob es möglich ist, dass der Entwicklungsverlauf des Arbeitsgedächtnisses positiv verläuft, bei Personen, deren Informationsverarbeitung höhere Leistungen zeigt als sonst. Es gab mehrere Untersuchungen und Studien zu dieser Fragestellung.

Die Arbeit, die ich nun vorstellen möchte, beschäftigt sich mit der Frage, ob Expertise, also Vorwissen, Altersdefizite im Arbeitsgedächtnis älterer Menschen reduzieren oder ausgleichen kann. Es soll auch gleichzeitig untersucht werden, ob Alterseinbußen im Arbeitsgedächtnis für wissensbezogene Materialien begrenzter sind als für wissensferne Materialien. Und zwar geht es hier um das Skatspiel, dass von vielen älteren Menschen gerne, aber vor allem professionell, gespielt wird.

Monika Knopf, vom Institut für Psychologie der Philipps-Universität Marburg & Marx-Planck-Institut für psychologische Forschung in München, Walburga Preußler, Lehrstuhl für Psychologie an der Universität Bayreuth und Jan Stefanek, ebenfalls vom Max-Planck-Institut für psychologische Forschung in München, führten diese Studie 1995 durch. Sie entstand im Rahmen eines von der Deutschen Forschungsgemeinschaft geförderten Projekts.

Insgesamt 87 Teilnehmer nahmen an der Studie teil. 45 davon waren in der Kategorie „jüngere", bei der der Durchschnittsalter 27 betrug, und 42 waren „ältere", bei der der Durchschnittsalter 68 betrug. In jeder Gruppe waren 50% Experten und 50% Novizen. Das Arbeitsgedächtnis wurde mit Hilfe verschiedener

126

Aufgaben geprüft. Dabei ging es u.a. um die Speicher- und Verarbeitungskomponente. Die Aufgaben, die gestellt wurden, waren auch in zwei Kategorien eingeteilt: skatnahe und skatferne.

Die Experten waren Skatspieler aus Skatvereinen. Sie gehörten zu den Spitzenspielern in Süddeutschland und wurden vom Deutschen Skateinzelmeister 1986, Herrn Günter Preiss, für die Stichprobe ausgewählt. U.a. war der Deutsche Skateinzelmeister 1992 unter den Experten. Es gab zwei Gründe dafür, warum diese Studie mit Skatspielern durchgeführt wurde:

1. Relativ viele ältere Menschen haben ein hohes Vorwissen im Bereich des Skatspiels.

2. Es wird angenommen, dass dieses Spiel das kurzfristige Speichern und die schnelle Verarbeitung episodischer Information verlangt und damit das Arbeitsgedächtnis stark beansprucht.

Die insgesamt 87 Probanden wurden in vier Gruppen aufgeteilt:

1. Jüngere Experten; 21 Personen; 17 männlich, 4 weiblich

2. Jüngere Novizen; 24 Personen; 8 männlich, 16 weiblich

3. Ältere Experten; 25 Personen; 14 männlich, 11 weiblich

4. Ältere Novizen; 17 Personen; 6 männlich, 11
   weiblich

Unter den 45 jüngeren waren 20 Personen
weiblich und 25 männlich. Unter den 42 älteren gab es 22
weibliche und 20 männliche Personen. Das
Durchschnittsalter der jüngeren Teilnehmer lag bei ca. 27
Jahren, und die der älteren Teilnehmer bei 68 Jahren.

Nach einem Skatwissenstest wurden die
Probanden in die unterschiedlichen Gruppen eingeteilt.
Wie oben zu sehen ist, waren unter den Experten die
Männer in Überzahl und unter den Novizen die Frauen.
Das Ergebnis des Skatwissenstests zeigte, dass sich
Experten und Novizin im skatbezogenen Wissen
erheblich voneinander unterscheiden. Die jüngeren
Experten zeigten einen Wert von 75,12 gegen 15,81 bei
den jüngeren Novizen. Bei den älteren war es 72,95 zu
12,01. Das Alter spielte aber keine Rolle.

Weitere Analysen zeigten, dass die jüngeren
Teilnehmer im kognitiven Bereich eine bessere Leistung
hatten als die älteren. Alterskorrelierte
Leistungseinbußen für die flüssige Intelligenz, für die
Konzentrationsfähigkeit, sowie ab 70 Jahren für die
kristallisierte Intelligenz, konnten in dieser Studie
ebenfalls nachgewiesen werden.

Um die Effektivität des Arbeitsgedächtnisses zu
erfassen, wurden verschiedene Aufgaben gestellt. Es gab
insgesamt 4 Aufgaben.

Aufgabe	Skatnah	Skatfern
Gedächtnisspanne	Kartenecken-Variante vorwärts und rückwärts	Figur-Buchstaben-Variante vorwärts und rückwärts
Running Memory Span	Kartenecken-Variante	Figur-Buchstaben-Variante
Lesespanne	Sätze mit Bezug zum Skatspiel	Sätze ohne Bezug zum Skatspiel
Loaded Word Span	Sätze mit Bezug zum Skatspiel	Sätze ohne Bezug zum Skatspiel

Die ersten beiden Aufgabentypen, Gedächtnisspanne und Running Memory Span, dienten zur Erfassung der Speicherkapazität des Arbeitsgedächtnisses. Die letzteren beiden, Lesespanne und Loaded Word Span, fokussierten die kurzzeitige Speicherung und die simultane Verarbeitung episodischer Information. Wie aus der Tabelle zu lesen ist, gab es für jede Aufgabe eine skatnahe und eine skatferne Variante. So konnte man messen, ob der Experteneffekt unabhängig zum Material sei, also ob der Effekt, der bei skatnahen Aufgaben erzielt wird, auch bei skatfernen Aufgaben erzielt wird und ob dies im Unterschied zu den Novizen steht.

Ergebnis:

Es kam zu bedeutsamen Alterseffekten. Die älteren Untersuchungsteilnehmer erreichten durchgängig schlechtere Leistungen als die jüngeren Teilnehmer. Für beide Aufgabenvarianten, also für skatnahe und skatferne, konnten Alterseffekte nachgewiesen werden.

Der Alterseffekt zeigte sich auch bei Experten wie Novizen.

Dieses Ergebnis bestätigt die am Anfang dieses Kapitels genannte Studie von Salthouse aus dem Jahre 1992, dass nämlich die Leistungsabnahme unabhängig von den Aufgabenstellungen ist. Die These, dass Expertise Defizite des Arbeitsgedächtnisses kompensiert, wäre damit verworfen. In dieser Studie traten keinerlei Effekte der Expertise auf.

Lediglich in der Speicherkapazität des Arbeitsgedächtnisses kam es zu Unterschieden zwischen Experten und Novizen. Die Speicherkapazität des Arbeitsgedächtnisses ist bei Experten größer als bei Novizen. Expertenwissen sind also fördernd für die Speicherkapazität. Und dies nicht nur für skatnahes Material, sondern auch für skatferne. Damit konnte „eine umschriebene kognitive Funktion, nämlich das kurzzeitige und schnelle Speichern begrenzter Informationsmengen" global geschult (Knopf, M., Preußler, W. & Stefanek, J., 1995, S. 232). Expertise verbessert also die Speicherkapazität des Arbeitsgedächtnisses.

Nun kann man natürlich die ganze Sache umdrehen. Ist die größere Speicherkapazität, die man bei Experten nachweisen konnte, wirklich ein Effekt des Skatspiels oder werden Personen mit guten Speicherkapazitäten zu Skatexperten. Es kann doch sein, dass diejenigen Spieler zu Experten werden, die eine größere Speicherkapazität haben. Auch Knopf, Preußler und Stefanek fragten sich diese Frage und erweiterten ihre Studie um diese Frage.

Es wurde ein Skatkurs gegründet. 4 Monate lang sollten Anfänger vom Deutschen Einzelskatmeister 1986, Herrn Günter Preiss trainiert werden. Insgesamt sollten 24 zweistündige Termine stattfinden. Es nahmen zehn ältere, bestehend aus 6 Frauen und 4 Männer, an dieser Untersuchung teil. Der Durchschnittsalter betrug 66,4 Jahre. Am Ende des 4monatelangen Trainings sollten diese 10 Personen die Aufgaben von der Hauptuntersuchung noch einmal durchgehen. Und in der Tat. Die Leistungsfähigkeit des Arbeitsgedächtnisses konnte tatsächlich verbessert werden, nämlich genau da, wo bei den Experten auch eine hohe Leistung gemessen wurde: in der Speicherkapazität des Arbeitsgedächtnisses. Damit konnte in der Tat eine Verbesserung der Speicherkapazität des Arbeitsgedächtnisses, also eine umschriebene gedächtnisförderliche Wirkung, erzielt werden (Knopf, M., Preußler, W. & Stefanek, J., 1995, S. 233).

In dieser Studie wurden drei wichtige Ergebnisse erzielt:

1. In allen Indikatoren des Arbeitsgedächtnisses kam es zu altersabhängigen Leistungsdefiziten.

2. Effekte der Expertise waren sowohl bei den älteren als auch bei den jüngeren gleich stark ausgeprägt. Diese Effekte konnten bei

skatnahen und auch bei skatfernen Aufgaben nachgewiesen werden.

3.   Die   Speicherkapazität   des Arbeitsgedächtnisses   konnte   nach   einem Skatkurs verbessert werden. Demnach haben diese   Personen   eine   größere Gedächtniskapazität. Das liegt selbstverständlich nicht am Skatspiel selbst, sondern am Inhalt des Spiels. Dass heißt, auch andere Aktivitäten mit ähnlichen   Mustern   würden   zum   gleichen Ergebnis führen, so dass die Verbesserung im Grunde nicht mit Skat verbunden ist oder mit dem Skatspielen automatisch eine Verbesserung erzielt wird.

Damit   wäre   unsere   Fragestellung   gelöst. Expertise   hat   fördernden   Einfluss   auf   das Arbeitsgedächtnis.   Allerdings   nur   auf   die Speicherkapazität.

9.0 Fazit

Wie eingangs erwähnt, ist Altern ein Prozess, dem keiner entgegenstehen kann oder aufhalten kann. Jedoch haben wir in dieser Arbeit festgestellt, dass es kein „normales" Altern gibt. Es ist keine einseitige Veränderung.   Vielmehr   sind   individuelle Verschiedenheiten vorhanden. Einflussfaktoren können sowohl die Lebensgeschichte des Menschen sein als auch verschiede Charakter und Eigenschaften oder auch Expertise in einem bestimmten Gebiet des Individuum.

Es muss aber auch gesagt werden, dass es nicht leicht ist, sehr alte Menschen als Probanden für eine Studie zu gewinnen. Eine andere Frage ist, ob die Probanden, die man hat, auch wirklich repräsentativ sind. Denn ältere Menschen, die sehr krank sind, wird man sicherlich nicht für eine Studie gewinnen, und die machen einen großen Teil ihrer gleichaltrigen aus.

Festzuhalten ist, dass immer mehr Menschen ein hohes Alter erreichen. Dies führt konsequenter Weise dazu, dass Altern mehr als je in den Blickpunkt der Forschung gerät. Besonders psychologische Studien müssen sich noch mehr mit der Thematik des Alterns beschäftigen.

10.0 Literaturverzeichnis

- Babcock, R. L. & Salthouse, T.A. (1990). Effects of increased processing demands on age differences in working memory. Psychology and Aging, 5, S. 421-428
- Baltes, Pb., Sowarka, D., Kliegl, R. (1989). Cognitive training research on fluid intelligence in old age: What can older adults achieve by themselves?. In: Psychology and Aging 4, S. 217-221
- Borscheid, P. (1994). Der alte Mensch in der Vergangenheit. In: Baltes, P.B., Mittelstroß, J. & Staudinger, U.M. (Hrsg.), Alter u. Altern: Ein interdisziplinärer Studientext zur Gerontologie, Berlin: de Gruyter, S. 35-61
- BFSFJ, Die Familie im Spiegel der amtlichen Statistik, Erweiterte Neuauflage 2003

- Carstensen, L.L. (1992). Social and emotional patterns in adulthood: Support for socioemotional selectivity theory. In: Psychology an Aging 7, S. 331-338
- Chappell, N.L. & Badger, M. (1989). Social isolation and well-being. In: Journals of Gerontology 4 S. 169-176
- Clayton, V. (1982). Wisdom and intelligence: The nature and function of knowledge in the later years. In: International Journal of Aging and Human Development 15, S. 315-323
- Danner, D.B. & Schröker, H.C. (1994). Biologie des Alterns (Ontogenese und Evolution). In: Baltes, P.B., Mittelstroß, J. & Staudinger, U.M. (Hrsg.), Alter u. Altern: Ein interdisziplinärer Studientext zur Gerontologie, Berlin: de Gruyter, S. 95-123
- Diekmann, A.. Empirische Sozialforschung. Grundlagen, Methoden, Anwendungen. 9.Auflage (2002), rowohlts enzyklopädie, S. 279-287
- Elder, G.H. jr. (1979). Historical change in life pattern and personality. In: Baltes, P.B. & Brim, O.G. jr, (Eds.), Lifespan development and behaviour. New York: Academic Press, S. 118-159
- Elliott, E. & Lachman, M.E. (1989). Enhancing memory by modifying control beliefs, attributions, and performance goals in the elderly. In: P.S. Fry (Ed.): Psychological perspectives of helplessness and control in the elderly. Amsterdam: North-Holland, S. 339-367

- Elwert, G. (1994). Alter im interkulturellen Vergleich. In: Baltes, P.B., Mittelstroß, J. & Staudinger, U.M. (Hrsg.), Alter u. Altern: Ein interdisziplinärer Studientext zur Gerontologie, Berlin: de Gruyter, S. 260-282
- Filipp, S.H. & Buch-Bartos, K. (1994). Vergleichsprozesse und Lebenszufriedenheit im Alter: Ergebnisse einer Pilotstudie. In: Zeitschrift für Entwicklungspsychologie und Pädagogisches Psychologie. 26, S. 22-24
- Filipp, S.-H. & Schmidt K., Mittleres und höheres Erwachsenenalter. In: Oerter, R. & Montada, L. (Hrsg.) (1995). Entwicklungspsychologie. 3.Auflage. Weinheim: Beltz, S. 439-486
- Filipp, S.-H. (1992). Could it be worse? The diagnosis of cancer as a prototype of a traumatic life event. In: Montada, L., Filipp, S.-H. & Lerner, M.J. (Eds.), Life crises and experiences of loss in adulthood. Hillsdale, NJ: Erlbaum, S. 23-56
- Filipp. S.-H. & Ferring, D. (1989). Subjektives Alterserleben: Binnendifferenzierung eines Konzeptes und Zusammenhänge mit Indikatoren erfolgreichen Alterns. In: Zeitschrift für Entwicklungspsychologie und Pädagogisches Psychologie 12, S. 279-293
- Fleischmann, U. (1982). Gedächtnistraining im höheren Lebensalter – Ansatzpunkte und Möglichkeiten. In: Zeitschrift für Gerontologie 15, S. 53-62
- Harris, M.B., Begay, C., & Page, P. (1989). Activities, family relationships, and feelings about aging in a multicultural elderly sample. In:

International Journal of Aging and Human Development 29, S. 103-117

- Hasselhorn, M. (1990). Altersdifferenzen und – invarianten zum Arbeitsgedächtnis: Eine gerontopsychologische Studie zum Wortlängen-Effekt. Zeitschrift für Gerontologie und –psychiatrie, 3, S. 43-52
- Heckhausen, J, (1990). Erwerb und Funktion normativer Vorstellungen über den Lebenslauf. Ein entwicklungspsychologischer Beitrag zur sozio-psychischen Konstruktion von Biographien. In: Kölner Zeitschrift für Soziologie und Sozialpsychologie 31, S. 351-373
- Heckhausen, J. (1989). Normatives Entwicklungswissen als Bezugsrahmen zur Re(Konstruktion) der eigenen Biographie. In: P.Alheit & E.M. Hoerning (Hrsg.), Biographisches Wissen: Theoretische Konzepte und empirische Befunde. Frankfurt/M.: Campus, S. 202-220
- Izard, C.E. (1977). Human emotions. New York: Plenum Press
- Keefe, F.J. & Williams, D.A. (1990). A comparison of coping strategies in chronic pain patients in different age groups. In: Journals of Gerontology 45, S. 161-165
- Keith, P.M. (1977). Life changes, stereotyping, and age identification. In: Psychological Reports 41, S. 661-662
- Kliegl, R., Smith, J., Baltes, P.B. (1989). Testing-the-limits and the study of adult age differences in cognitive plasticity of a mnemonic skill. In: Develop Psychol 25, S. 247-256

- Knopf, M., Preußler, W. & Stefanek, J. (1995). „18, 20, 2..." – Kann Expertise im Skatspiel Defizite des Arbeitsgedächtnisses älterer Menschen kompensieren?. In: Swiss Journal of Psychology 54 (3), S. 225-236
- Lawton, M.P., Kleban, M.H., & Dean, J. (1993). Affect and age: Cross-sectional comparisons of structure of structure and prevalence. In: Psychology and Aging 8, S. 165-175
- Lawton, M.P., Kleban, M.H., Rajagopal, D. & Dean, J. (1992). Dimensions of affective experience in three age groups. In: Psychology and Aging 7, S. 171-184
- Lehr, U. (1987). Persönlickeitsentwicklung im höheren Lebensalter – differentielle Aspekte. In: U. Lehr & H. Thomae (Hrsg.), Formen seelischen Alterns. Ergebnisse der Bonner Gerontologischen Längsschnittstudie (BOLSA). Stuttgart: Enke, S. 39-44
- Lehr, U. (1989). Kompetenz im Alter – Beiträge aus gerontologischer Forschung und Praxis. In: Rott, C., Oswald, F. (Hrsg.). Kompetenz im Alter. Vaduz, Liechtenstein-Verlag, S. 1-14
- Levenson, R.W., Carstensen, L.L., Friesen, W.V., & Ekma, P. (1991). Emotion, physiology, and expression in old age. In: Psychology and Aging 6, S. 28-35
- Lindenberger, U. & Baltes, P.B. (1994). Sensory functioning and intelligence in old age: A strong connection. In: Psychology and Aging 3, S. 339-355
- Malatesta, C.Z., Izard, C.E., Culver, C. & Nicholich, M. (1987). Emotion communication

skills in young, middleaged, and older women. In: Psychology and Aging 2, S. 193-203

- McCrae, R.R., (1982). Age differences in the use of coping mechanisms. In: Journal of Gerontology 37, S. 454-460
- Meeks, S., Carstensen, L.L., Tamsky, B.F., Wright, T.L. & Pellegrini, D. (1989). Age differences in coping: Does less mean worse? International Journal of Aging and Human Development 28, S. 127-140
- Montepare, J.M. (1991). Characteristics and psychological correlates of young adult men´s and women´s subjective age. In: Sex Roles 24, S. 323-333
- Oswald, F. (1991). Das persönliche Altersbild älterer Menschen. In: Zeitschrift für Gerontologie 24, S. 276-284
- Piel, E. (1989). „Ältere" oder „Alte" sind relative Begriffe. In: Planung und Analyse 16, S. 52-54
- Rudinger, G. & Lantermann, E.D. (1980). Soziale Bedingungen der Intelligenz im Alter. In. Zeitschrift für Gerontologie 13, S. 433-441
- Salthouse, T.A. (1992). Mechanisms of age-cognition relations in adulthood. Hillsdale, NJ: Erlbaum
- Schaie, K.W. (1983). The Seattle Longitudinal Study: A 21-year exploration of Psychometric intelligence in adulthood. In: K.W. Schaie (Eds.), Longitudial studies of adult psychological development. New York: Guilford Press, S. 64-135

- Schaie, K.W. (1993). The Seattle Longitudinal Study: A thirty-five-year inquiry of adult intellectual development. In: Zeitschrift für Gerontologie 26, S. 129-137
- Schulz, R. (1985). Emotion and affect. In: J.E. Birren & K.W. Schaie (Eds.), Handbook of the psychology of aging, Vol. 2, New York: Van Nostrand Reinhold, S. 531-543
- Seccombe, K. & Ishii-Kuntz, M. (1991). Perceptions of problems associated with aging: Comparisons among four older age cohorts. In: The Gerontologist 31, S. 527-533
- Shanan, J. & Kedar, H.S. (1980). Phenomenological structuring of the adult life-span as a function of age and sex. In: International Journal of Aging and Human Development 10, S. 343-357
- Smith, J. & Baltes, P.B. (1990). Wisdom-related knowledge: Age-cohort differences in response to life planning problems. In: Development Psychology 26, S. 494-505
- Smith, J. & Baltes, P.B. (1993). Differential psychological aging: Profiles of the old very old. Ageing and Society 13, S. 551-587
- Sowarka, D. (1985). Wisdom in the context of persons, situations and actions: Common-sense conceptions of elderly women and men, Berlin: Max-Planck-Institute for Human Develepmont and Education
- Weinert, F.E. & Knopf, M. (1990). Gedächtnistraining im höheren Erwachsenenalter – Lassen sich Gedächtnisleistungen verbessern, während sich das Gedächtnis verschlechtert? In:

R. Schmit-Sterzer, A. Kruse & E. Olbrich (Hrsg.) Altern – Ein lebenslanger Prozess der sozialen Interaktion. Festschrift zum 60.Geburtstag von Frau Prof. Ursula Maria Lehr. Darmstadt: Steinkopff, S. 91-102

- Zepelin, H., Sills, R.A. & Heath, M.W. (1987). Is age becoming irrelevant? An exploratory study of perceived age norms. International Journal of Aging and Human Development 24, S. 241-256

Soziale Schichtung und Kriminalität

1.0 Einführung

In seiner Forschungsarbeit „Soziale Schichtung und Kriminalität" versucht Rainer Geißler den Zusammenhang zwischen soziale Schichtung und Kriminalität aufzuzeigen. Zunächst stellt er einige Statistiken dar. Danach werden Theorien für schichtspezifisches kriminelles Verhalten und deren Ursachen dargestellt. Im Anschluss darauf folgen Konzepte der schichtspezifischen Kriminalisierung und einige Ergebnisse der Dunkelfeldforschung. Ich werde nun mit meiner Arbeit versuchen, diesen Text vorzustellen und damit Rainer Geißlers Gedanken wiederzugeben.

2.0 Statistiken

In den Kriminalstatistiken sind die unteren Schichten erheblich überrepräsentiert und die oberen Schichten unterrepräsentiert. Dabei muss man beachten, dass es um die „entdeckte" Kriminalität geht. Die Kriminalität, die erfasst wird, ist schichtspezifisch verteilt (Geißler, 1994, S. 160).

In einer Statistik (Geißler, 1994, S. 161), die von der Polizei einer Großstadt des Ruhrgebiets, erstellt worden ist, sieht man dies gründlicher. Und zwar wurden in einem Monat 1300 Personen eine strafbare Handlung zum Vorwurf gemacht. 1000 dieser Personen ließen sich nach Beruf, Bildung und Einkommen einer Schicht zuordnen. Aus diesen Zuordnungen entstand folgendes Bild:

Oberschicht	0,4%
Obere Mittelschicht	1,0%
Mittlere Mittelschicht	3,0%
Untere Mittelschicht	6,0%
Obere Unterschicht	34,0%
Untere Unterschicht	56,0%

Aus dieser Statistik ist deutlich zu sehen, dass die Unterschicht mit genau 90% überproportional vertreten ist. Nur lediglich 10% sind den oberen Schichten zuzuteilen. Bei der Einteilung nach Einkommen ergab sich, dass 69% aus der Arbeiterschaft stammen.

Auch das Bildungsniveau von jungen Angeklagten und Häftlingen ist deutlich schichtspezifisch verteilt.

Dies wird an Hand der folgenden Statistik noch besser erklärt:

Abb. 1 Bildungsniveau[1] von jungen Angeklagten und Häftlingen

	N	ohne Schul-abschluß/ Sonder-schule %	Haupt-schule %	Real-schule %	Gym-na-sium/ Abitur %
deutsche Angeklagte vor Stuttgarter Jugend-gerichten 1987/88[2]	2 729	19	53	19	9
junge Häftlinge 1988[3]					
männlich	4 215	67	31	2	0,1
weiblich	180	62	32	5	0,2
alle Schulabgänger 1988		8	26	43	23

[1] Häftlinge: Schulabschluß; Angeklagte: besuchter Schultyp bei Schülerinnen und Schülern; Schulabschluß bei denen, die die allgemeinbildenden Schulen verlassen hatten.
[2] Vollerhebung.
[3] Vollerhebung bei allen nach dem Jugendstrafrecht Verurteilten.

Quellen: Projekt *Geißler/Marißen* 1990 (Angeklagte); *Stentzel* 1990, 41 (Häftlinge); BMBW 1989, 72f. (Schulabgänger).

Wie zu sehen ist, haben 67% der männlichen und 62% der weiblichen Häftlinge keinen Abschluss oder höchstens einen Abschluss der Sonderschule. 95,9% der Häftlinge sind männlich. 72% der Angeklagten haben höchstens einen Hauptschulabschluss.

Daraus ist zu erkennen, dass die Verurteilten im Wesentlichen an einer kleinen Minderheit – an den Männern aus der untersten Sozial- und Bildungsschicht – stammen (Geißler, 1994, S. 161).

Weiterhin unterscheidet Geißler die verschiedenen Delikte der Kriminalität. Dabei stellt er fest, dass Taten wie Bankraub, Diebstahlsdelikte wie Kfz-Diebstahl, Ladendiebstahl und Einbruch, Aggressionsdelikte wie Totschlag, Körperverletzung, Nötigung und Bedrohung, sowie Sittlichkeitsdelikte überproportional von Angehörigen der Unterschicht vertreten sind. Die Mittelschicht ist bei Unterschlagungen und schwereren Formen des Betrugs höher vertreten. Zu den Taten der Oberschicht gehören Wirtschaftskriminalitäten, wie z.B. Steuerhinterziehung. Diese Daten werden von Geißler mit Statistiken belegt (Geißler, 1994, S. 163).

3.0 Ursachen der schichtspezifischen Kriminalität

In den folgenden Unterkapiteln werde ich versuchen die Theorien vorzustellen, die Geißler vorstellt, um die Fragestellung zu beantworten, wie es denn dazu kommt, dass die Kriminalitätsraten der amtlichen Statistik in den unteren Schichten höher sind als in den oberen Schichten.

Dabei werden drei täterorientierte Theorien vorgestellt: die Anomie-Theorie Mertons (1979) mit einer Ergänzung von Cloward (1979), die Subkultur-

Theorie von Cohen und Short (1979) und die Theorie der unterschiedlichen familialen Sozialisation.

3.1 Anomie-Theorie

Anomie wird als „Zusammenbruch des Normen- und Wertesystems durch normwidriges Verhalten" (Geißler, 1994, S. 164), also als Kriminalität verstanden.

Sowohl die Anomie-Theorie als auch die Subkultur-Theorie gehen davon aus, dass die Kriminalität, also normwidriges Verhalten, auf eine Reaktion auf gesellschaftliches Versagen andeutet.

Als Ursache für dieses Verhalten zeigt Merton die Spannung von drei Bereichen:

1. Gemeinsame Werte und Ziele einer Gesellschaft
2. Legale Wege zum Erreichen dieser Ziele
3. Chancen, auf legalem Wege diese Ziele zu erreichen

Als Fallbeispiel nimmt er die amerikanische Gesellschaft:

- Gemeinsame Werte und Ziele der amerikanischen Gesellschaft: Wirtschaftlicher Erfolg, Wohlstand, Ansehen und Macht
- Legale Wege zum Erreichen dieser Ziele sind Arbeit und beruflicher Erfolg
- Die Chancen, auf legalem Wege diese Ziele zu erreichen sind ungleich verteilt

Der Knackpunkt liegt also in den Chancen. In den unteren Schichten sind sie geringer als in den oberen Schichten. Die untere Schicht ist damit ständig einem Druck ausgeliefert, dass sie leichter dazu verleitet auf illegale Mittel zurückzugreifen. Als Ursache sind also die ungleich verteilten Chancen zu sehen.

Weiterhin zeigt Geißler drei Kritikpunkte gegen die Anomie-Theorie, die er aber nicht groß beachtet, da sie für ihn, nicht gegen die Plausibilität dieser Theorie sprechen. Ich möchte diese Kritikpunkte kurz vorstellen.

Kritikpunkte gegen die Anomie-Theorie (Geißler, 1994, S. 165):

1. Die Theorie erklärt nur rationales kriminelles Verhalten, wie z.B. Eigentumsdelikte.
2. Die Erfolgsziele sind in den Schichten unterschiedlich verteilt.
3. Die Theorie sagt nichts zu den Mechanismen aus, über die sich der soziale Druck in tatsächliche Kriminalität umsetzt.

Kritikpunkt 1 und 2 werden von Geißler abgestritten, da sie für ihn nicht stichhaltig sind. Dem Kritikpunkt 3 stimmt er zwar zu, erwähnt aber trotzdem, dass dies die Theorie Mertons nicht unplausibel macht.

Als sinnvolle Ergänzung zu der Theorie Mertons werden Clowards Hinweise gesehen. Demnach seien nicht nur die Chancen ungleich verteilt, sondern auch die

146

Zugangschancen zu den illegitimen Mitteln. Als illegitime Mittel gelten nach Clowars: erlernte kriminelle Fähigkeiten und Fertigkeiten, materielle Hilfsmittel wie Einbruchswerkzeuge oder Waffen sowie Chancen, in bestimmten Situationen oder Positionen bestimmte kriminelle Handlungen auszuführen (Geißler, 1994, S. 165).

3.2 Subkultur-Theorie

Auch Cohen betont mit seiner Subkultur-Theorie, dass die Unterschicht benachteiligt wird. Bei dieser Theorie stehen die Jugendlichen im Mittelpunkt, deren Sozialisationsdefizit als Ursache der Kriminalität gilt.

Die Ziele der Jugendlichen der Unterschicht und Mittelschicht sind gleich. Um diese Ziele zu erreichen braucht man verbale und geistliche Fähigkeiten, Leistungsmotivation, Selbstkontrolle und ähnliches. Jedoch können die Kinder der Unterschicht durch ihre schlechteren Sozialisationsbedingungen diese Standards weniger erfüllen. Ihre Fähigkeiten sind weniger entwickelt. „Sie weisen ein höheres Maß an sozialer Unfähigkeit" (Geißler, 1994, S. 166). Mit anderen Worten: Sie sind unfähiger und unsicherer, was sie zu Frustrationen bringt und dies zieht wiederum Aggressionen nach sich.

Weiterhin behauptet Cohen, dass der gesellschaftliche Glaube, die Chancen seien gleich verteilt, die Misserfolge dem einzelnen anlastet und somit die gesellschaftlichen Ursachen verdeckt werden. Die Jugendbanden und Banden wären Reaktionen auf diese Situation. Diese Banden distanzieren sich bewusst von den Normen der Mittelschicht und greifen auf kriminelle Handlungen zurück. Die Gruppe bietet ihnen eine emotionale Befriedung in der Gemeinschaft.

Als Kritik gegen die Subkulturtheorie wird behauptet, sie beziehe sich nur auf einen kleinen Teil von Kriminalität, nämlich auf die Bandenkriminalität von Jugendlichen. Außerdem wäre diese Theorie nur auf die amerikanische Gesellschaft übertrag bar. Geißler betont aber, dass deutsche empirische Daten Cohen's Grundgedanken, „Kriminalität sei eine Reaktion auf Leistungs- und Erfolgsstandards, die von Unterschichtangehörigen weniger gut erfüllt werden könnten als von anderen Schichten" (Geißler, 1994, S. 166), bestätigen. Die schichtspezifische Benachteiligung im Bildungssystem wird auch als Ursache für schichtspezifische Kriminalität gesehen.

3.3 Familiare Sozialisation

Die nächste Theorie, die Geißler in seiner Arbeit vorstellt, sind die schichtspezifischen Unterschiede in der familialen Sozialisation.

Ausgangspunkt dieses Ansatzes ist der Befund, dass Sozialisationsstörungen in der Familie zu den Ursachen für kriminelles Verhalten gehören. Vergleiche zwischen Straffälligen und Nichtstraffälligen hätten Unterschiede im Milieu der Herkunftsfamilien gezeigt. Straftäter stammen häufiger als andere aus unvollständigen Familien oder haben große Störungen im Familienleben in vollständigen Familien. Diese Straftäter

148

waren häufiger als andere inkonsequenten und widersprüchlichen Erziehungspraktiken ausgesetzt oder wurden häufiger von ihren Eltern vernachlässigt, gezüchtet oder misshandelt. Wenn Vater und Mutter sich nicht ausgleichen, sondern beide das Kind vernachlässigen oder misshandeln, spricht man von „Multiproblem-Familien". In solchen Familien ist die Wahrscheinlichkeit, um kriminell zu handeln, deutlich höher. Bekannte amerikanische Studien der Kriminologie belegen dies auch für die Bundesrepublik (Geißler, 1994, S. 167).

Geißler macht vier Einwände gegen derartige Studien:

1. Aus Statistiken ist nicht immer ganz nachvollziehbar, was die Ursache und was die Wirkung ist. Ein gestörtes Familienleben kann zur Kriminalität führen. Aber umgekehrt kann auch Kriminalität zu einem gestörten Familienleben führen.
2. Es wird behauptet, dass jugendliche Straftäter überdurchschnittlich häufig aus gestörten Familien kommen. Es kann aber auch sein, dass die Straftaten von Jugendlichen aus gestörten Familien häufiger bekannt und sanktioniert werden als Straftaten von Jugendlichen aus intakten Familien.
3. Den Studien fehlt die Theorie. Die Zusammenhänge von Kriminalität, einzelnen Faktoren des Familienlebens und familienexternen Faktoren werden nicht umfassend betrachtet.

4. Die Ursachen können nicht ausschließlich in der Familie gesucht werden. Störungen in der Familie müssen nicht zu kriminellem Verhalten führen. Familienexterne Faktoren spielen dabei für den Jugendlichen, der in einer gestörten Familie lebt, auch eine wichtige Rolle

Familiale Störungen oder Sozialisationsstörungen in den Familien kommen in allen Schichten vor. Besonders in den unteren Schichten sind sie häufiger vorhanden, da dort Scheidungen oder Spannung zwischen den Ehepartnern häufiger vorkommen. Dennoch ist diese Störung von vielen Faktoren abhängig und nicht etwa vorwiegend auf Merkmale sozialer Schichten zurückzuführen.

4.0 Modernere Deutungen

In Kapitel 3 wurden täterorientierte Theorien vorgestellt (Anomie-Theorie, Subkulturtheorie und die Sozialisationstheorie). Ganz anders, der nun vorgestellte Ansatz, der sogenannte Etikettierungsansatz oder Labeling Approach genannt. Diese Perspektive betrachtet die kriminelle Handlung „als ein Produkt, das aus der Interaktion von Handelnden („Tätern"), Normsetzern und Kontrollinstanzen entsteht" (Geißler, 1994, S. 167).

Nicht die Täter, sondern die Normen und Sanktionen sind nun im Zentrum. Die Kontrollinstanzen sind Polizei, Staatsanwaltschaft und Gericht.

Höchstens 5% aller Straftaten werden rechtskräftig verurteilt, nach den Berechnungen von Popitz waren es zwischen 0,09% und 14%. „Die Geltung einer strafrechtlichen Norm wird also nur an einer winzigen Gruppe aller Straffälligen exemplarisch verdeutlicht" (Geißler, 1994, S. 172).

Der Etikettierungsansatz geht davon aus, dass die schichtspezifischen Kriminalitätsraten vor allem auf die ungleiche Behandlung von Kontrollinstanzen zurückzuführen sind. Aus diesem Punkt betrachtet, begehen Unterschichtangehörige nicht häufiger kriminelle Handlungen als andere, sondern sie werden häufiger erwischt und bestraft. Es findet also eine schichtspezifische Kriminalisierung statt.

In allen Instanzen – also Polizei, Staatsanwaltschaft und Gerichten – lassen sich Mechanismen schichtspezifischer Kriminalisierung nachweisen. Diese Mechanismen werden nun im Folgenden vorgestellt.

4.1 Polizei

Am Anfang dieses Prozesses, der schichtspezifischen Kriminalisierung, steht die Polizei. Hier geht es um die entdeckte Kriminalität. Um entdeckt zu werden, muss man zunächst angezeigt werden. Geißler gibt an, dass mehr als 90% aller strafverdächtigen Handlungen der Polizei aus der Gesellschaft gemeldet werden und das Angehörige der Unterschicht bei ertappter Tat öfters anzeigt werden als andere.

Der Autor stützt sich auf Untersuchungen von Spittler (1968), die ergeben haben, dass die Neigung zum Einschalten der Polizei größer ist, wenn Kinder aus der Unterschicht ertappt oder verdächtigt werden. „Bei Kindern aus gutem Hause vertraut man eher dem erzieherischen Einfluss der Eltern" (Geißler, 1994, S. 173). Nach der Anzeige schaltet sich die Polizei ein.

Die Polizei gilt als Verbindung zwischen Tätern und Staatsanwälte. Sie entscheiden vorläufig über die mögliche strafrechtliche Bedeutung der angezeigten und ermittelten Handlungen. Dabei haben sich Routinen und Umgangsformen mit der Bevölkerung entwickelt. Diese Routinen sind zum Nachteil der unteren Schichten. Geißler stützt sich dabei auf Untersuchungen von Feest (1971).

Feest behauptet, dass in den Köpfen der Polizei typische Vorstellungen von verdächtigen und anständigen Personen existieren.

- Verdächtige Personen: Sie haben keinen festen Wohnsitz oder wohnen in üblen Gegenden. Ihr Lebensstil ist ungeregelt. Sie treiben sich in ungewöhnlichen Zeiten auf der Straße herum.
- Anständige Personen: Sie haben ein ordentliches, sauberes Äußeres. Sind normal gekleidet und haben eine geregelte Arbeit. Der Wohnsitz ist fest und sie halten sich „zu legitimen Zwecken an legitimen Orten" (Geißler, 1994, S. 174) auf.

Diese Vorstellungen führen dazu, dass sich die Kontrolle der Polizei auf bestimmte Einrichtungen und Gegenden konzentriert. Dabei werden bestimmte Menschentypen, die dem Typ des Verdächtigen entsprechen, gesucht. Sie werden besonders häufig überprüft. Die Kriminalität der Unterschicht wird dadurch häufiger erwischt.

Nach dem Erwischen hat die Polizei einen gewissen Spielraum. Polizisten müssen entscheiden, ob sie den Sachverhalt als Bagatelle betrachten oder ihn als Straftat definieren. Beim Ersteren gibt es lediglich eine Ordnungswidrigkeit. Beim Letzteren kommt es zu einer Anzeige. Auch diese Entscheidung geht meist zum Lasten der Unterschicht. Denn die können sich in den meisten Situationen nicht zur Wehr setzen, wo gegen die Angehörigen der Mittelschicht und besonders die der Oberschicht, in Situationen des Verdachts sich besser wehren können. Sie haben geschickte Argumente, bessere Rechtskenntnisse und auch mal andere Einflussquellen, die ihnen eine höhere „Beschwerdemacht" verleihen. Falls es zu Anzeigen kommt, geht die Mittelschicht raffinierter ans Werk, und sie bringen die Polizei nachweisbar häufiger in Beweisnot (Geißler, 1994, S. 176).

4.2 Staatsanwaltschaft

Als nächstes Tritt die Staatsanwaltschaft in Aktion. Ihre Aufgabe ist es, zu entscheiden, ob ein Verfahren eingestellt oder fortgesetzt wird.

Auch hier wird der Schichtunterschied deutlich. Im folgenden Abbild wird deutlich, dass Tatverdächtige aus der Unterschicht bei den untersuchten Delikten häufiger bestraft werden als Tatverdächtige aus der Mittelschicht.

Abb. 5 Strafverfolgung durch die Staatsanwaltschaft und Schichtzugehörigkeit

Verfahren gegenüber Tatverdächtigen aus der Unter- bzw. Mittelschicht werden von der Staatsanwaltschaft ...

eingestellt	einfacher Diebstahl		Betrug		Unterschlagung		Notzucht	
	US	MS	US	MS	US	MS	US	MS
wegen Beweisschwierigkeiten	26	29	34	53	40	59	56	75
wegen Geringfügigkeit	5	5	10	9	10	10	–	–
sanktioniert	69	66	56	38	50	31	44	25
Summe %	100	100	100	100	100	100	100	100
N	127	38	287	190	143	105	151	16

US = Unterschicht; MS = Mittelschicht.

Quelle: *Blankenburg/Sessar/Steffen* 1978, 217; zur Definition der Schichten vgl. Abb. 6.

Außer bei einfachen Diebstählen gibt es große Unterschiede. Bei Betrug werden 44% der Verfahren gegen die Unterschicht eingestellt, im Gegensatz dazu 61% bei der Mittelschicht. Bei Unterschlagung ist es 50% zu 69% und bei Notzucht 56% zu 75%.

56% der Verfahren wegen Betrug enden bei der Unterschicht mit einer Bestrafung. Bei der Mittelschicht beträgt diese Rate nur 38%. Bei Unterschlagung sind es 50% zu 31% und bei Notzucht 44% zu 25%.

Geißler betont aber, dass die Staatsanwälte nicht für diesen Unterschied verantwortlich sind. Sie schauen

154

nicht in der Akte danach, welchen Beruf der Verdächtige hat, sondern danach, ob er geständig, vorbelastet usw. ist. Es ist also kein bewusster oder unbewusster Vorurteil gegenüber den Angehörigen der Unterschicht vorhanden (Geißler, 1994, S. 176).

Der Staatsanwalt orientiert seine Entscheidung an der Beweislage. **„Dabei spielt das Geständnis eine wichtige Rolle"** (Geißler, 1994, S. 177). Angehörige der Mittelschicht sind nicht so leicht zu einem Geständnis bereit. Sie sind in der Lage, ihre Interessen durch einen Rechtsanwalt vertreten zu lassen, der den Staatsanwalt in Beweisnot bringt. Die Unterschicht dagegen hat eine größere Bereitschaft zu einem Geständnis. Ihr eigenes Geständnis wird ihnen zum Verhängnis.

4.3 Gericht

Als letztes kommen die Richter ins Spiel. Das Gerichtsverfahren ist die dritte Stufe des Kriminalisierungsprozesses. Aus Daten von Dahrendorf, aus dem Jahre 1961, geht hervor, „dass fast alle Richter aus der Mittelschicht- und Oberschicht stammen" (Geißler, 1994, S. 178). Dies sagt natürlich zunächst nichts über die ungleiche Behandlung von Tätern aus. Empirische Studien zeigen aber, dass die schichtunterschiedliche Behandlung auch hier ihren Platz findet. Hier wird behauptet, dass Angehörige der oberen Schichten häufiger Freigesprochen werden als Angehörige der Unterschicht.

Die folgende Abbildung zeigt dies genauer:

	Laden- diebstahl		Einbruch		Geld- u. Kredit- betrug		Unter- schlagung gegen Ar- beitgeber		andere Unter- schla- gungen	
	US	MS	US	MS	US	MS	US	MS	US	MS
Einstellung	13	15	12	21	24	23	13	4	–	29
Freispruch	2	15	7	8	10	16	6	7	12	8
Verurteilung	85	70	81	71	66	61	81	89	88	63
Summe %	100	100	100	100	100	100	100	100	100	100
N	48	20	136	24	41	49	15	27	17	24

Unterschicht (US): Arbeiter, sozial Verachtete;
Mittelschicht (MS): Angestellte, Beamte, Selbständige.

Quelle: *Blankenburg/Steffen* 1975, 261.

Wie diese Abbildung zeigt, werden die Angehörigen der Unterschicht in allen Fällen, mit Ausnahme bei Unterschlagung gegen den Arbeitgeber, öfters Verurteilt. Bei Freispruch liegt die Mittelschicht vorn.

Geißler stellt nun die Frage, wie es dazu kommt, dass der Grundsatz der Gleichheit vor dem Gesetzt nur eingeschränkt verwirklicht wird. Die Ursache liegt für ihn im Defizit der Unterschicht an Verteidigungsfähigkeit. Angehörige der Unterschicht haben es schwerer, sich selbst zu verteidigen oder sich in den komplizierten rechtlichen Zusammenhängen zurechtzufinden. Die Unterschicht kann dem Prozess demnach öfters gar nicht folgen. Sie drücken sich nicht verständlich aus und schaffen es öfters nicht, an die Verständnisebene des Richters zu gelangen. Rechtshilfen werden nicht in Anspruch genommen, wodurch sich ihre

Verteidigungsfähigkeit senkt. In Strafprozessen können sich lediglich nur 39% einen Wahlverteidiger leisten. Der Rest muss sich mit einem Pflichtverteidiger vergnügen, der in den Hauptverhandlungen weniger einen Freispruch oder Einstellungen erreicht als ein Wahlverteidiger. Zum Vergleich: 89% der Mittelschichtangehörigen engagieren einen Wahlverteidiger. Gründe für diese Haltung sind finanziell. Geißler folgt daraus, **„Gleichbehandlung vor Gericht würde sozial selektiv wirken, weil die Betroffenen nicht gleich sind"** (Geißler, 1994, S. 180).

Wie bei der Polizei, hat auch das Gericht einen gewissen Spielraum, was das Ermessen angeht. Dabei spielen außerrechtliche Einflüsse eine Rolle. Das Motiv des Täters muss der Richter aus den Umständen der Tat und aus der Person des Täters erschließen. Dabei lassen sie sich von Alltagstheorien, wie Annahmen über die Gesellschaft, über Regelmäßigkeiten und Gründe menschlicher Handlungen, leiten. Die Lebensweise des Angeklagten spielt dabei eine wichtige Rolle. Je geordneter, durchschaubarer, desto größer die Chance, dass die Tat als ungeplant und ohne besonderen Unrechtsgehalt eingestuft wird und dass der Täter als „Gelegenheitstäter" angesehen wird. Eine ungeordnete Lebensführung, also z.B. kein fester Arbeitsplatz, verheiratet aber alleinlebend, kommt überdurchschnittlich häufig in der Unterschicht vor. Dadurch können sie leichter als „Gewohnheitstäter" abgestempelt werden. Diese ungleiche Behandlung ist aber keine direkte Diskriminierung, sondern „eine indirekte Konsequenz von informellen Regeln, die bei der Rechtsanwendung befolgt werden" (Geißler, 1994, S. 181).

5.0 Dunkelfeldforschung

Viele Straftaten und Straftäter werden von der Statistik nicht erfasst. Die Dunkelfeldforschung beschäftigt sich mit der entdeckten, bzw. unentdeckten Kriminalität. Geißler stellt diese Forschung am Ende seiner Arbeit dar, um zu zeigen, wie verwirrend die Ergebnisse der Dunkelfeldforschung sind.

Bei dieser Forschung kommt es zu Täterbefragungen. Dabei werden Normalbürger gebeten, anonym auf einem Fragebogen anzukreuzen, welche Straftaten sie begangen haben. Hierbei tauchen aber zwei wichtige Probleme auf, die Geißler erklärt:

1. Bei schweren Delikten, kann man nicht erwarten, dass die Befragten ehrlich antworten und die Handlungen zugestehen. Zumal sind Großverbrecher diesen Befragungen überhaupt nicht zugänglich.
2. Häufig werden kriminelle Handlungen mit anderen Formen der Normabweichung – wie z.B. Schulschwänzen – nicht unterschieden. Die Definition von einigen strafrechtlichen Tatbeständen ist nicht für alle verständlich.

Nun zu den Studien. Studien zeigen, dass es so gut wie keinen in der Gesellschaft gibt, der noch nie gegen das Recht verstößt hat. **„Fast jeder verstößt irgendwann zumindest einmal gegen ein Strafgesetz"** (Geißler, 1994, S. 184). Eine Befragung 1992/93 von Siegener Lehramtsstudenten (Schwind, Eger, 1973;

Kreuzer, Hürlimann, Krämer, Schneider, 1990) zeigt, dass 95% der Befragten mindestens eine der folgenden Straftaten begangen: Betrug, Zechprellerei, Diebstahl, Vandalismus, Sexualvergehen, Drogenhandel, Fahrerflucht oder Verkehrsunfall in alkoholisierten Zustand. 86% der Befragten hatten schon drei dieser Delikte begangen. In diesem Sinne betrachtet ist Kriminalität „normal". Jeder begeht zwar mindestens einmal eine Art Kriminalität, aber die Häufigkeit und Schwere der Delikte ist eigentlich das Ausschlaggebende. Die ist nämlich ungleich verteilt.

Geißler stellt nun drei Ergebnisse vor. Diese Studien wurden bei Jugendlichen oder jungen Erwachsenen durchgeführt. Aus diesen Untersuchungen sind folgende Daten erkennbar (Geißler, 1994, S. 185):

- Unter den 14- und 15-Jährigen streut die Klein- und Gelegenheitskriminalität relativ gleichmäßig über alle Schichten und Bildungsgruppen. Im fortgeschrittenen Alter sind die Angehörigen aus der Unterschicht stärker mit Strafrechtverstößen belastet (Villmow, Stephan 1983).
- Delikte wie Raub, Körperverletzung und Sachbeschädigung kommen in der Unterschicht häufiger vor. Straftaten wie Ladendiebstahl, Betrug, Drogengebrauch und Fahren ohne Führerschein kommen gleichmäßig in allen Schichten vor. Das „Massenbagateldelikt" Schwarzfahren wird häufiger von Jugendlichen aus der

Mittelschicht begangen (Schumann, Berlitz, Guth, Kaulitzki, 1987).

- Je niedriger der Schulstatus des Jugendlichen, umso höher die Belastung. Berufs- und Bildungsstatus der Eltern spielen jedoch nur bei schweren Delikten eine Rolle (Albrecht, Howe 1992).

Die Dunkelfeldforschung bestätigt auch den Etikettierungsansatz: „Der Befund, dass die Unterschichten in der Kriminalstatistik häufiger auftauchen als in der Dunkelfeldkriminalität ist auf ungleiche Behandlung durch die Kontrollinstanzen zurückzuführen" (Geißler, 1994, S. 187).

6.0 Fazit

Geißler erschließt als Schlussfolgerung, dass die oberen Schichten doppelt Begünstigt werden und die untere Schicht doppelt Benachteiligt wird.

Die oberen Schichten haben eine geringere Chance, kriminell zu werden. Und wenn dies der Fall ist, werden sie häufiger verschont.

Die unteren Schichten haben eine höhere Chance, kriminell zu werden. Werden sie erwischt, trifft sie die Sanktionsgewalt der Gesellschaft besonders hart. Sie werden nicht „**nur schlechter belohnt, sondern auch härter bestraft**" (Geißler, 1994, S. 187).

160

7.0 Literaturverzeichnis

- Albrecht, Howe: Soziale Schicht und Delinquenz. In: Kölner Zeitschrift für Soziologie und Sozialpsychologie 44 (1992), S. 697-730
- Blankenburg, Sessar, Steffen: Die Staatsanwaltschaft im Prozess strafrechtlicher Kontrolle. Berlin: 1978
- Blankenburg, Steffen: Der Einfluss sozialer Merkmale von Täter und Opfer auf das Strafverfahren. In: Blankenburg (Hrsg.): Empirische Rechtssoziologie. München: 1975, S. 248-268
- BMBW (Bundesministerium für Bildung und Wirtschaft (Hrsg.): Grund- und Strukturdaten 1989/1990. Bonn: 1989
- Cloward: Illegitime Mittel. Anomie und abweichendes Verhalten. In: Sack, König (Hrsg.): Kriminalsoziologie. Wiesbaden: 1979, S. 314-338
- Cohen, Short: Zur Erforschung delinquenter Subkulturen. In: Sack, König (Hrsg.): Kriminalsoziologie. Wiesbaden: 1979, S. 372-394
- Feest: Die Situation des Verdachts. In: Feest, Lautmann (Hrsg.): Die Polizei. Köln: 1971, S. 71-92
- Geißler: Soziale Schichtung und Lebenschancen in Deutschland. Stuttgart: Enke 1994, S. 160-194

- Geißler, Marißen: Kriminalität und Kriminalisierung junger Ausländer. In: Kölner Zeitschrift für Soziologie und Sozialpsychologie 40 (1990), S. 506-526
- Kreuzer, Hürlimann, Krämer, Schneider: Gießener Delinquenzbefragungen. Delinquenz bei jungen Frauen und Männern nach Befunden bei Studienanfängern im WS 1988/89. In: Spiegel der Forschung 7, 1990, S. 11-15
- Merton: Sozialstruktur und Anomie. In: Sack, König (Hrsg.): Kriminalsoziologie. Wiesbaden: 1979, S. 282-313
- Schumann, Berlitz, Guth, Kaulitzki: Jugendkriminalität und die Grenzen der Generalprävention. Neuwied, Darmstadt: 1987
- Schwind, Eger: Untersuchungen zur Dunkelziffer. In: Monatsschrift für Kriminologie und Strafrechtsreform 56 (1973). S. 151-170
- Spittler: Die Kriminalität Strafunmündiger. Jur. Diss. Gießen: 1968
- Stentzel: Berufserziehung straffälliger Jugendlicher und Heranwachsender. Frankfurt am Main u.a.: 1990
- Villmow, Stephan: Jugendkriminalität in einer Gemeinde. Freiburg, Br.: 1983

Modernisierungstheorie der 50er und 60er Jahre

1.0 Einführung

In dieser Arbeit geht es um die Modernisierungstheorie der 50er und 60er Jahre. Dabei wird der Frage nachgegangen, ob das westliche Modell der Modernisierung übertragbar in andere Weltregionen ist, ob dieses Modell homogen ist. Wir werden versuchen, herauszufinden, ob es nur einen Modell der Modernisierung gibt oder ob es auch heterogene, von außen angeregte oder von den traditionellen Eliten gelenkte Modernisierungsverläufe gibt.

Der Modernisierungsbegriff galt zuerst als Gegenbegriff zum Begriff der Traditionalität, trat aber seinen Siegeszug an als ein (relativ) neutraler Begriff für Prozesse sozialen Wandels im Allgemeinen. In den 1960er und 1970er Jahren wurde dieser Begriff im Kontext der Debatten um den sozialen und politischen Wandel in Entwicklungsländern verwendet.

Zur Modernisierungstheorie gibt es zahlreiche Theorien, Annahmen und Trendanalysen, die zur Formulierung verallgemeinernder Entwicklungen dienen. So ist, in diesem Zusammenhang, die Annahme weit verbreitet, dass die Modernisierung der Gesellschaften weltweit in bestimmten vorhersehbaren Bahnen verlaufen wird, so dass sie sich immer weiter einander annähern werden, falls sich keine unvorhersehbaren Katastrophen ereignen: Prognostiziert wird gelegentlich ein höherer sozialer Bildungsstand, die Kleinfamilie, größere soziale Gerechtigkeit und eine Steigerung des Konsumverhaltens. Fachleute argumentieren, dass diese Trends bereits in den meisten Gesellschaften sichtbar sind. Mit Bendix (1969) kann man „Modernisierung [...] begreifen als ein auf ganz spezifischen Ausgangskonstellationen beruhender, bestimmter Typ des sozialen Wandels, der im 18. Jahrhundert eingesetzt hat [...], der seinen Ursprung hat in der englischen Industriellen Revolution [...] und in der politischen Französischen Revolution, er besteht im wirtschaftlichen und politischen Vorangang einiger Pioniergesellschaften und den darauf folgenden Wandlungsprozessen der Nachzügler" (Bendix, 1969, S. 510).

Nach der Einleitung werde ich einen geschichtlichen Einblick in die Modernisierungstheorie geben. Im dritten Kapitel geht es um das westliche Modell der Modernisierung. Hier möchte ich, anhand der Texte von Lerner, wichtige Merkmale des westlichen Modells zeigen. Hierzu zählen die Mobilität, die sogenannte mobile Persönlichkeit, die Empathie, die Beteiligung der Gesellschaft und die Benutzung der Massenmedien. Hier wird die Konzentration auf Lerner liegen. Lerner ging davon aus, das sich die Menschen, die nicht völlig in der Tradition verhaftet sind, durch Empathie auszeichnen. Menschen sind demzufolge grundsätzlich psychisch mobil und besitzen die Fähigkeit sich schrankenlos mit neuen Rollen, Situationen und Konstellationen zu identifizieren.

164

Laut Lerner verläuft Modernisierung in vier Phasen. In den sich modernisierenden Ländern der sogenannten Dritten Welt beginnt die Transition mit der Urbanisierung (Phase 1) breiter ruraler und traditionsorientierter Bevölkerungsschichten. Urbanisierung stellt den primären Katalysator dar, aus dem heraus die nächsten Transitionsstadien erwachsen, denn sie fördert die Alphabetisierung (Phase 2) der in die Städte zugewanderten Personen. Darauf erfolgt praktisch zwangsläufig ein erhöhter Medienkontakt (Phase 3), der seinerseits die erweiterte soziale und politische (Phase 4) der Betroffenen im zivilgesellschaftlichen Leben induziert. In Kapitel 4 werde ich die ersten drei Phasen genauer vorstellen, die eine Gesellschaft auf dem Weg zur Modernisierung durchlebt.

Im darauffolgenden Kapitel (Kapitel 5) wird die Übergangsphase zur Modernität beschrieben. Im 6. Kapitel werden Hindernisse in Bezug auf Modernität vorgestellt. Diese Hindernisse verhindern, dass eine Gesellschaft sich weiterentwickelt. Ich werde versuchen, einige Grundprobleme aufzuzeigen. Parallel zu Lerner werde ich auch andere Autoren und ihre Thesen zu diesem Thema vorstellen. Zum Schluss folgt eine Schlussfolgerung.

2.0 Geschichtlicher Abriss

In den 50er Jahren wurde die amerikanische Soziologie langsam, auch indirekt von „außen", gedrängt, sich auch auf das Feld der Politik und auf die Bereiche des sozialen Wandels zu wenden und diese zu erforschen.

Dies war zeitlich sehr passend, denn zu diesem Zeitpunkt befanden sich die Vereinigten Staaten in einem kalten Krieg. Ende der 40er Jahre wurde der Wiederaufbau Europas durch Wirtschaftliche und ökonomische Hilfe unterstützt. Somit erhoffte man sich, eine mögliche Machtübernahme des Kommunismus zu verhindern. Man begann mit Europa, aber hatte den Gedanken, „unterentwickelte" Regionen und Länder in aller Welt zu „helfen"; ihnen einen Weg für die Zukunft zeigen, der nur mit der Hilfe der USA zu bestreiten sei (Knöbl, 2001, S. 28ff).

Ende der 40er, Anfang der 50er Jahre, zur Präsidentschaftszeit von Harry S. Truman, wurde im State Department die Technical Cooperation Administration eingerichtet. Einige hundert Techniker wurden in mehr als dreißig Staaten gesendet. Ihre Aufgabe war es, Hilfe im Entwicklungs-, Gesundheits- und Bildungsbereich zu leisten. Dieses global angelegte Programm zeigte ein entscheidendes Problem: Die kulturellen Unterschiede in den verschiedenen Weltregionen waren zu groß, so dass erhebliche Reibungsverluste bei der Durchführung konkreter Hilfsmaßnahmen entstanden (Knöbl, 2001, S. 29). An vielen Stellen wurden negative Auswirkungen beobachtet. Die kulturellen Differenzen der „Helfer" und den Einheimischen waren teilweise enorm. So wurde die Hilfe von Sozialwissenschaftlern, insbesondere Soziologen und Anthropologen, verlangt, die Erklärungen anbieten sollten. Der Austausch von Wissen fand u.a. in Konferenzen statt.

Marion J. Levy war es, der 1952 in einem Aufsatz zu folgender These kam: Die nichtwestlichen Länder werden unumkehrbar durch einen marktinduzierten Prozess auf den Weg in die moderne Industriegesellschaft gebracht werden. Somit werden in diesen Ländern die gleichen Muster herrschen, wie damals im Westen. Dieser Meinung schlossen sich viele Sozialwissenschaftler an. Dies sieht Knöbl (2001, S. 31) als die Geburt der Modernisierungstheorie an. Zumindest als Begriff.

Es ging nun um die „Entwicklung" von Gesellschaften. Diese Gesellschaften sollten in kürzester Zeit dem Westen angepasst werden. Sie sollten politisch, sozial und technologisch auf das „Niveau" westlicher Staaten gebracht werden. Die Soziologie sollte nun Erklärungen für sozialen Wandel bieten.

In den folgenden Jahren wurde die Modernisierungstheorie genauer ausformuliert. Zahlreiche Diskussionen und Aufsätze führten zu einem Konsens. Die Modernisierungstheorie wurde Ende der 50er Jahre, Anfang 60er Jahre, stärker konkretisiert. „Als nichtmarxistische makrosoziologische und ganz überwiegend interdisziplinär angelegte Theorie sozialen Wandels versuchte die Modernisierungstheorie historisch-vergleichend oder zumindest typologisch die Entwicklung bzw. die Stufenabfolge von Gesellschaften makrotheoretisch zu fassen, [...]" (Knöbl, 2001, S. 32).

Die Annahmen der Modernisierungstheorie waren (Knöbl, 2001, S. 32-33):

- Die Modernisierung ist ein globaler Prozess. Es begann in Europa mit der Industrialisierung im 18. Jahrhundert. Nun betrifft es aber alle Gesellschaften.
- Trotz der Globalität dieses Prozesses geht es um einzelne Gesellschaften, die untersucht werden müssen.
- Die Entwicklung verläuft vom traditioneller hin zum moderner Gesellschaft und nicht anders herum.
- In einigen traditionellen Gesellschaften dominieren persönliche Einstellungen, Werte und Rollenstrukturen, die sich als ökonomische und politische Entwicklungshindernisse zeigen.
- Im Westen dagegen sind diese Hindernisse nicht vorhanden. Ganz im Gegenteil, hier sind säkulare, individualistische, universalistische, leistungsbezogene und wissenschaftliche Werte, die diesen Prozess sogar beschleunigen.
- Der Modernisierungsprozess wird endogen angetrieben.
- In verschiedenen Ländern wird der soziale Wandel zur Moderne relativ uniform und linear stattfinden.
- Westliche Moderne ist (normative) Vorgabe.

Diese Richtlinien bestimmten die Arbeiten der Modernisierungstheoretiker. Man analysierte traditionelle Länder. Auch versuchte man gleichzeitig Erklärungen für den „Aufstieg" des Westens zu liefern. Für den ökonomischen und industriellen Aufschwung des Westens im 18. und 19. Jahrhundert wurden historische

Erklärungen ausgearbeitet (Rostow, 1960). Gleichzeitig wurden auch Aussagen über die Zukunft gemacht, z.B. in wie fern sich einige Länder entwickeln werden. Ähnliche Muster wie in den Staaten würden sich bald in allen Regionen der Welt zeigen. Die Modernisierungstheorie erhob für sich den Anspruch, eine globale Erklärung für soziale Wandel anzubieten.

Durch diese Richtlinien nahm die politische Rolle in den USA eine neue Rolle ein. In Lateinamerika versuchte Kennedy eine Umkehrung der Außenpolitik seiner Amtsvorgänger Truman und Eisenhower. Er initiierte die so genannte Allianz für den Fortschritt, ein Entwicklungshilfeprogramm in Höhe von 20 Milliarden Dollar zur Modernisierung der lateinamerikanischen Volkswirtschaften. Das Friedenskorps entstand am 22. September 1961. Man kann hieraus schlussfolgern, dass die „neue weltpolitische Rolle der USA" (Knöbl, 2001, S. 33) eine wichtige Rolle bei der Entwicklung der Modernisierungstheorie spielte und diese Theorie aus den USA entsprang. Die amerikanische Soziologie wurde in diese Richtung gelenkt. Und man kann mit Recht behaupten, dass dies durch eine externe Beeinflussung bewirkt wurde, nämlich durch die Beeinflussung der Politik.

Kennzeichnung der Transformationsprozesse, die mit Modernisierung in Verbindung gebracht werden, sind z.B. die Revolutionen in Amerika, Frankreich und England, Nationengründungen, Demokratisierung, Zerstörung alter Werte und ererbter Privilegien, bürgerliche Freiheitsrechte, Urbanisierung,

Agrarrevolution, Industrielle Revolution usw. Man ging davon aus, dass das westliche Modell der Modernisierung universell relevant war. Es sei eine historische Tatsache. In allen sich modernisierenden Gesellschaften sei das gleiche Modell wiederzufinden. Im nächsten Kapitel geht es nun darum, diese Behauptungen näher zu untersuchen.

3.0 Westliches Modell

Wie im letzten Absatz schon erklärt, ging man davon aus, dass das westliche Modell der Modernisierung, unabhängig von Hautfarbe, Herkunft oder Glauben in allen Teilen der Welt, in allen Gesellschaften relevant sei. Ein Jahrhunderte langer Prozess des sozialen Wandels hätte die westliche Gesellschaft zur Modernisierung gebracht. Und hierbei gibt es bestimmte Prozesse, die stattgefunden haben. Anhand des Textes von Lerner (Lerner, 1970), welcher 1958 verfasst wurde, werden wir versuchen diese Prozesse zu analysieren.

3.1 Mobilität

Lerner geht davon aus, dass die Menschen der westlichen Welt sich an das Gefühl des Wandels gewöhnt haben. Sie sind schon seit Generationen nicht mehr an ihre Geburtsorte gebunden und wandern ständig von Ort zu Ort. Diese soziale Mobilität sollte für jedes einzelne Individuum ein besseres Leben bringen. Sie, die Mobilität, sei unerlässlich für die Ingangsetzung des Modernisierungsverfahrens.

Auf diese Wanderungen folgten Institutionen, wie z.B. die Bank. Somit konnten sich die Ausgewanderten mit ihren hohen Gehältern ihren Reichtum sicherstellen. So entstanden neue Institutionen und bereits vorhandene Institutionen, wie die Polizei, änderten ihre Struktur. Die Städte begannen zu wachsen und ein neues System von bürgerlichen Werten entstand in kürzester Zeit. Bestimmte Regeln und Gesetze mussten aufgestellt werden, um das Leben der „vielen", in einer „großen Gesellschaft", zu sichern. Diskussionen über Schulrecht, Wirtschaft, Moral und Ethik flossen in die Gesetze und Sitten der westlichen Gesellschaft ein.

Es wurde schnell klar, dass die Mobilität viel Gewinn erbrachte. Somit verschärften sich die Chancen des Gewinnes. Dieser Prozess sei nach Lerner in allen westlichen Gesellschaften zu verfolgen. Hierbei ginge es hauptsächlich darum, „die Wohlhabenden zu schützen, ohne die Armen zu disqualifizieren" (Lerner, 1970, S. 363; vgl. Ratner, 1942).

Die Rationalität war nach Lerner etwas, was eine moderne Gesellschaft fördern musste, damit Menschen begreifen können, dass ihre persönlichen Chancen von ihren Leistungen abhängt und nicht von ihrer Herkunft. Das heißt, Erfolg und Versagen hängen mit der eigenen Leistung ab. Der traditionelle Mensch erwidert Neuerungen damit, dass „es niemals so gewesen sei". Der moderne Mensch aber, fragt sich, „ob es funktionieren wird".

Es brauchte aber seine Zeit, bis die Menschen verstanden, dass ein Wandel normal sei. Handeln und

Denken waren nötig, um diesen Prozess im Lebensstil zu erfassen. Dieser Stil, der sich entwickelte, schuf auch eine Form der Beteiligung der Menschen in ihrer Umwelt, die heute selbstverständlich ist. Wir wollen dies im nächsten Kapitel näher erläutern.

3.2 Mobile Persönlichkeit

Dieses Phänomen wird bei Lerner als mobile Persönlichkeit bezeichnet. Sie weist bestimmte Merkmale und Entwicklungslinien auf. Es wird charakterisiert durch die Fähigkeit, „sich mit neuen Aspekten ihrer Umgebung in hohem Maße zu identifizieren" (Lerner, 1970, S. 364). Eine mobile Persönlichkeit ist in der Lage, sich neuen Anforderungen anzupassen. Hierbei sind zwei Aspekte der wichtig:

1. **Projektion:** Hier geht es darum, Objekten bestimmte Attribute zuzuschreiben. Attribute, die man selbst hoch bewertet. Dies erleichtert die Identifizierung. „Andere sind wie ich."

2. **Introjektion:** Hier wird nun dem Selbst gewisse wünschbare Attribute des Objekts verliehen. Also andere Attribute werden einverleibt. Dies erweitert die Identifizierung. „Ich möchte so sein, wie andere."

Durch diese beiden Aspekte wird die eigene Identität erweitert und die Identifikation mit der wechselnden Umgebung erleichtert. Um diese zwei Seiten der Ausweitung der mobilen Persönlichkeit noch

172

einfacher zu beschreiben, wird von Lerner der Begriff „Empathie" eingeführt. Dieser Begriff soll aber nicht mit Sympathie oder Antipathie verwechselt werden. Denn Empathie, also Verständnis, kann beides sein.

3.3 Empathie und Beteiligung

Um eine Definition zu liefern: Empathie ist „die Fähigkeit, sich selber in der Situation eines anderen zu sehen" (Lerner, 1970, S. 364). Diese Fähigkeit ist eine Notwendigkeit für Personen, die ihre traditionelle Umgebung verlassen. Denn das Umfeld, in das man reinkommt, ist völlig neu. Man ist befremdet. Um es wie Alfred Schütz zu beschreiben: Der Fremde kommt in eine Gruppe, Organisation oder gesamte Gesellschaft, in der er bisher ein unbekannter Mensch war, über dessen soziale u. individuelle Existenz man nicht genug weiß, um mit ihm normale soziale Kontakte aufzunehmen. Sein „Denken-wie-üblich" lässt sich nicht anwenden (Schütz, 1972, S. 53-84). Neue Rollen müssen wahrgenommen werden. Neue Verhältnisse und Beziehungen müssen gelernt werden. Dank der Empathie, hat man die Fähigkeit, sich in diese Rollen zu versetzen. Nach Lerner wird dieses Phänomen auch in üblichen Teil der Welt sichtbar.

Lerners Hypothese lautet, „dass hohe Empathie nur in modernen Gesellschaften, [...], zum herrschenden persönlichen Lebensstil gehört" (Lerner, 1970, S. 365). Moderne Gesellschaften sind für ihn industrielle, urbanisierte, auf Elementarbildung und Beteiligung beruhende Gesellschaften. Die traditionelle Gesellschaft dagegen, beruhe nicht auf Beteiligung. Dies erklärt er damit, dass in diesen Gesellschaften die Menschen aufgrund ihrer starken Verwandtschaftszugehörigkeit in Gemeinden zusammenleben. Dieses führt zu einem begrenzten Horizont, da die Entscheidungen dieser Menschen lediglich bekannte Personen in bekannten Situationen berühren. Daher bestehe kein Bedürfnis für eine Doktrin, eine nationalen Ideologie oder eine gemeinsame Übereinstimmung. Der traditionelle Mensch erwarte Kontinuität in der Natur sowie in seiner sozialen Welt. Er glaube kaum an die Möglichkeit, beides zu verändern oder gar sie zu kontrollieren (Lerner, 1958). Der moderne Mensch aber, nach Alex Inkeles, glaubt, seine Umgebung beherrschen zu können, um seine Ziele zu erreichen. Er glaubt nicht, dass er von seiner Umwelt beherrscht wird. Für ihn ist die Welt berechenbar (Inkeles, 1966 S. 143).

Die moderne Gesellschaft aber, beruhe, nach Lerner auf Beteiligung. Und dies funktioniert auf der Grundlage eines Konsenses. Eine gemeinsame Übereinstimmung hilft den Menschen, bei ihren Entscheidungen über öffentlichen Fragen. Diese Gesellschaften werden als Beteiligungsgesellschaften bezeichnet. Ihre wesentlichen Merkmale sind:

- Zur Schule gehen.
- Zeitung lesen.
- Für Arbeit, die man frei wechseln kann, in Geld entlohnt werden.
- Auf einem offenen Markt für Geld Waren einkaufen können.
- Bei Wahlen Stimme abgeben und damit entscheiden können.

- Eine Meinung über viele Angelegenheiten bilden, auch wenn sie Einen nicht direkt betreffen.

Empathie ist die Fähigkeit, das Persönlichkeitssystem in kurzer Zeit noch ordnen zu können. In den traditionellen Gemeinschaften war eine solche Fähigkeit nicht nötig. Die moderne Gesellschaft aber, verlangt eine umfassende Teilnahme. Hier kommt die Empathie ins Spiel. Denn diese Teilnahme bedingt ein anpassungsfähiges Persönlichkeitssystem. Somit werden neue Rollen übernommen und persönliche Werte mit öffentlichen Problemen identifiziert. Letztendlich kommt Lerner zu dem Schluss: „in der modernen Gesellschaft besitzen mehr Individuen größere Empathie als in irgendeiner früheren Gesellschaft" (Lerner, 1970, S. 366). Diese Gesellschaft beruht also auf der Beteiligung. Wie man die Empathie messen kann, erfahren wir in Kapitel 5.

3.4 Massenmedien

In einer modernen Gesellschaft darf (kann) ein System der Massenmedien nicht zu fehlen. Die Massenmedien sind mit Recht die wirksamsten Multiplikatoren für die Verwirklichung der Modernität. Lerner behauptet auch die Umkehrung, nämlich dass keine moderne Gesellschaft erfolgreich funktionieren kann, wenn sie kein gut entwickeltes System von Kommunikationsmitteln hat (Lerner, 1970, S. 366).

Unterschieden wird zwischen zwei Systemen: mündlicher und vermittelter öffentlicher

Kommunikation. Vier Fragen stehen hier im Zentrum: Wer? Was? Wem? Wie?[4]. Wichtig ist also Quelle, Inhalt, Publikum und Kanal.

- Mündliche Systeme: Die Information stammt aus Quellen, die auf Grund ihrer sozialen Stellung (höherrangige Personen) und nicht wegen ihrer Fähigkeiten zur Information autorisiert sind. Kommunikation findet durch persönliche Kontakte (Kanal) mittels der Primärgruppen wie Familie und Verwandtschaft (Publikum) statt.

- Vermittelnde Systeme: Die Information kommt von beruflichen Vermittlern in Form von Botschaften (Neuigkeiten, Nachrichten) mit verschiedenen Mitteln (Druck, Radio, Film). Diese Vermittler werden nach Fähigkeiten ausgewählt. Hier geschieht Kommunikation durch vermittelte Sendungen (Kanal). Das Publikum besteht aus einer heterogenen Masse.

Lerner typisiert die Informationen der mündlichen Systeme vorwiegend als Gebote und Regeln. Sie sind eher vorschreibend und nicht beschreibend. Die Informationen richten sich an Verwandte, religiöse Gemeinden, Arbeits- oder Spielgruppen.

---

[4] Ähnliches finden wir auch schon bei Nursi, der 1911 diese Fragen stellte: Wer? Was? Wem? Wie? Warum?; siehe dazu Nursi, 2000, S. 114

Der Wandlungsprozess erfolgt in allen Regionen der Welt, nach Lerner, in Richtung vom mündlichen zum Vermittlungssystem. Außerdem schiene der Grad des Wandels in Richtung auf das Vermittlungssystem signifikant mit Wandlungen in anderen Schlüsselsektoren des sozialen Systems zu korrelieren. Dies sieht Lerner als „säkularen Trend" (1970, S. 367) des sozialen Wandels. Daraus schlussfolgert er, dass das westliche Modell der Modernisierung in weltweitem Maßstab wirksam sei. Und um diesen Prozess zu beschleunigen sollte man eine Neuordnung des Persönlichkeitssystems entwickeln.

4.0 Drei Phasen der Modernisierung

Anhand Angaben von der UNESCO und der Vereinten Nationen führte Lerner eine Untersuchung durch. Für die Untersuchung standen ihm Daten von 54 Ländern zur Verfügung. Er kam zum Ergebnis, dass eine hohe paarweise Korrelation zwischen Urbanisierung, Elementarbildung und Benutzung von Massenmedien, sowie für jedes Paar kritische Optima des gemeinsamen Wachstums besteht. Dies fasste er in historische Phasen zusammen und kam zum Ergebnis, dass die langfristige Entwicklung einer auf Beteiligung beruhenden Gesellschaft drei Phasen benötigt (Lerner, 1970, S. 370). Diese drei Phasen sind: Urbanisierung, Elementarbildung und Entwicklung der Massenmedien.[5]

Die erste Phase, die Urbanisierung ist notwendig, damit die letzten beiden Phasen auch stattfinden. Jede Phase tendiert dazu, die nächste hervorzubringen. In

---

[5] Die vierte Phase Partizipation ist nicht zwingend notwendig, sie folgt von alleine.

diesem Kontext aus, kann man sagen, dass es überall auf der Welt Menschen gibt, die für sich als Individuum, die nächste Phase erreicht haben, aber ihre Gesellschaft noch nicht dazu bereit ist. Lerner bezeichnet diese Menschen als gefangen in einer Situation der verzögerten historischen Entwicklung. In den folgenden Unterkapiteln werden nun diese drei Phasen näher erklärt.

4.1 Urbanisierung

Dies ist die erste Phase. Es ist überall zu verfolgen, dass sich nur in Städten jener Komplex von Fähigkeiten und Hilfsmitteln gebildet und entwickelt hat, der die moderne industrielle Wirtschaft kennzeichnet. Und nur auf dieser Basis können die nächsten beiden Phasen funktionieren. Denn in den Städten braucht man eine große Zahl von Lese- und Schreibkundigen. Dies ist auch notwendig für das richtige Funktionieren der Städte.

Es sind die Städte, die den Hauptfaktor für die Modernisierung bilden. Hier wird gelernte Arbeitskraft ausgebildet. Somit können Industrien entstehen. Diese liefern und produzieren den Menschen Waren. Diese Kunden wiederum lernen den Umgang mit Geld. Produziert werden u.a. auch Zeitungen, Radios und Filme. Daraus entwickeln sich die Massenmedien und für die Menschen wird die Elementarbildung zur Notwendigkeit.

Nach der Urbanisierung steigt die Zahl der Leute, die lesen und schreiben können. Folglich steigen auch die

Zahl der Massenmedien und ihre Benutzer. In einer anderen Untersuchung hat man festgestellt, dass ungefähr 10% der Bevölkerung urbanisiert sein muss, damit der Prozess der Modernisierung beginnen kann (Rostow, 1957, S. 102-106).

4.2 Elementarbildung

Die Elementarbildung wird als wirksames Werkzeug bezeichnet, das für die Förderung des Konsums von städtischen Gütern über die Grenzen der Stadt hinaus gut ist (Lerner, 1970, S. 371). Lese- und Schreibkundige sind es, die die Kommunikation produzieren und fördern. Die Fähigkeit lesen und schreiben zu können, ist grundlegend für den Modernisierungsprozess. Wenn die meisten Mitglieder einer Gesellschaft lesen und schreiben können, entstehen plötzlich neue Wünsche und Nachfragen. Lerner sagt auch, dass das Beherrschen einer formellen Sprache dem Menschen den Zugang zu einer Welt der stellvertretenden Erfahrung eröffnet und ihn lehrt, den komplizierten Mechanismus der Empathie zu gebrauchen, der zur Bewältigung dieser Welt nötig sei (Lerner, 1970, S. 374). Um diese Wünsche zu befriedigen müssen wiederum neue Mittel entstehen. Dieses Zusammenspiel von Wünschen und Befriedigungen bringt die dritte Phase hervor, denn es entstehen Konsumenten für die Kommunikationsmedien.

4.3 Entwicklung der Massenmedien

Die Entwicklung der Massenmedien entsteht durch die erhöhte Benutzung der Massenmedien. Neue

Erfahrungen und Fähigkeiten werden durch die Massenmedien vermittelt. Und die Empfänger dieser Erfahrungen suchen nach Möglichkeiten, ihre neuen Fähigkeiten anzuwenden. Das heißt, ihre Neugier bringt sie auf neue Wünsche. Und um diese Neugier zu befrieden, braucht das Individuum, laut Lerner, Empathie. Und je höher die Zahl der Menschen ist, die die Fähigkeit der Empathie besitzen, desto leichter wird die soziale Institution der Benutzung von Massenmedien möglich. Immer neuere und bessere Medien werden durch dieses Bedürfnis entstehen.

Durch diese letzte Phase wird die Teilnahme generell in allen Sektoren des sozialen Systems gefördert. Neuere Ansprüche entstehen und es entwickeln sich andere, auf Beteiligung beruhende Institutionen (siehe Kreditkarten).

5.0 Übergang in die Moderne

Empathie als der entscheidende Mechanismus, kann als ein Übergangskriterium in die moderne Gesellschaft gesehen werden. So stellt sich erst einmal die Frage, wie Empathie überhaupt gemessen wird. Und diese Ergebnisse mussten dann mit der „Beteiligung" in Verbindung gebracht werden. Man musste versuchen, die Empathie durch individuelle Persönlichkeitstests zu messen. Hier benutzt Lerner die Ergebnisse der Middle East Survey. In dieser Studie wurden Interviews durchgeführt. U.a. beinhalteten diese Interviews projektive Fragen. Diese Fragen fordern den Befragten auf, sich in eine fremde Situation zu versetzen. Es sind also eine Art Rollenspiele. Eine Frage könnte z.B. lauten:

180

„Wenn Sie zum Staatspräsidenten gewählt würden, was würden Sie als erstes machen?". Zur Verantwortung einer solchen Frage braucht man ein gewisses Maß an Einfühlungsvermögen, also Empathie. Den Empathiegrad (vgl. Lerner, 1958, S. vii-x, 76-107) eines jeden Befragten konnte man an Hand dieser Fragen messen.

Die Ergebnisse aus dieser Studie wurden mit dem nächsten Faktor zusammengebracht. Der bestand im Wesentlichen darin, dass „modernisierte" Menschen, also die schon urbanisiert und lese- und schreibkundig sind, sich von „traditionellen" Menschen dadurch unterscheiden, dass sie eine Meinung über öffentliche Angelegenheiten haben. Ein traditioneller Mensch bildet sich keine Meinungen über öffentliche Angelegenheiten. Der moderne Mensch aber, der in einer Gesellschaft lebt, die auf Beteiligung beruht, muss sich eine Meinung über alles bilden. Dies ist von großer Interesse und Bedeutsamkeit. Lerner behauptet sogar, dass ein breites Spektrum von Meinungen über öffentliche Probleme als ein wichtiges Merkmal der Modernität betrachtet werden kann. Somit kommt er zur folgenden Darstellung (Lerner, 1970, S. 378):

Typ		Elementar-bildung	Urbani-sierung	Benutzung von Massenmedien	Empathie	Meinungs-spektrum (Rang)
Modern		+	+	+	+	1
Übergang	A	—	+	+	+	2
	B	—	—	+	+	3
	C	—	—		+	4
Traditional		—	—		—	5

Hier ist klar zu erkennen, dass die die Elementarbildung, Urbanisierung, Benutzung von Massenmedien und die Eigenschaft der Empathie einen modernen Menschen bilden. Erst diese Eigenschaften zusammen führen zur Moderne. Wenn keins dieser Faktoren besteht, befindet man sich im Traditionellen. Hierbei spielt die Empathie eine wichtige Rolle. Denn diese ist erst einmal erforderlich, um in den Übergang einzutreten, um den Übergang zur Moderne zu starten. Hiermit wird eine Person zum Teilnehmer. Sie lernt, Meinungen zu bilden. Die Ergebnisse der Middle East Survey Studie und die Hypothese Lerners, „je größer das Meinungsspektrum eines Befragten ist, desto wahrscheinlicher wird er auf allen unseren Skalen der Modernität hoch rangieren" (Lerner, 1970, S. 379) stimmten überein.

Somit konnte noch einmal klar gestellt werden, dass die Empathie der Weg zur Modernisierung sei. Lerner bezeichnet die Menschen mit Empathie folgendermaßen: „[...] dieser Mensch ′sieht′ Dinge, die die anderen nicht sehen, er ′lebt′ in einer von Bildern erfüllten Welt, die von der beschränkten Welt seiner Stammesgenossen abweicht. Seine Einstellungen sind geprägt durch ein Verlangen – er will die Dinge wirklich sehen, die er sich bisher nur vorgestellt hat, er will wirklich in der Welt leben, von der er bisher nur träumte. Das sind die Quellen seines abweichenden Verhaltens" (Lerner, 1970, S. 379). Wenn mehrere Menschen diese Eigenschaft besitzen, also „abweichen" ist eine Gesellschaft im Umbruch.

Die empirischen Befunde widersprechen allerdings dem idealtypischen Phasenmodell. Die Entwicklung in den Gesellschaften der Dritten Welt ist völlig anders verlaufen. Hierzu gab es nicht nur zahlreiche Hindernisse, die im folgenden Kapitel vorgestellt werden, sondern auch falsche Vorstellungen von den „traditionellen" Ländern. Sozialer Wandel, z.B., lässt sich nicht auf ein monotones, allgemeingültiges, sich automatisch wiederholendes Schema reduzieren. Menschen lassen sich eben nicht als Roboter betrachten, die vorgeschlagene Schemata blind befolgen.

6.0 Hindernisse

Auf dem Weg zur Modernisierung sieht Lerner auch gewisse Hindernisse. Dazu empfiehlt er, die weniger entwickelten Länder genauer zu untersuchen. Für diese Länder der Welt sie es nicht möglich, plötzlich wie aus dem Nichts, das zu erreichen, wofür der Westen drei Jahrhunderte gebraucht hat. Er geht davon aus, dass die Bevölkerungsdichte der internationalen Mobilität im Weg steht und das Einwanderungsbeschränkungen der entwickelten Länder dazu da seien, um die unterentwickelten Bevölkerungsgruppen von sich fernzuhalten (Lerner, 1970, S. 375).

Obwohl es in den unterentwickelten Ländern zur Urbanisierung kommt, bleibt es bei einer physischen Mobilität. Die nächsten Phasen können nicht erreicht werden, denn die Bevölkerungsdichte verhindert in diesen Ländern den Aufstieg. Diese Länder sind dadurch zwar übervölkert, aber nicht entwickelt. Dass Potential zur Entwicklung ist da, aber es reicht nicht aus. Hier ist

184

der Zuwachs der Bevölkerung höher als der der Ressourcen. Es erhöht sich ständig die Bevölkerungsdichte. Somit kann die nächste Phase, die Elementarbildung, nicht erreicht werden. Denn ohne die entsprechende Urbanisierung ist diese Dichte eine Gegenkraft gegen den Abbau des Analphabetismus.

Daraus folgert Lerner: „je dichter ein Gebiet besiedelt ist, desto geringer der Anteil der Personen mit Elementarbildung und desto schwieriger, die Zahl der Analphabeten zu senken – wenn sie nicht in die Städte abwandern" (Lerner, 1970, S. 375). Während „moderne" Länder ein Optimum zwischen Urbanisierung, Elementarbildung und Massenmedien erreicht haben, gibt es in weniger modernen Ländern weiterhin Probleme. Einige Länder z.B. sind stärker urbanisiert, aber haben weniger Elementarbildung. In anderen Ländern ist die Urbanisierung zwar gering, aber die Benutzung der Massenmedien ist hoch. Die Korrelationen können also von Land zu Land schwanken.

Für die Länder des Nahen Osten begründet Lerner dieses Problem folgendermaßen:

1. Nach dem Krieg kam es zu einer Wanderung in die jeweiligen Hauptstädte. Dadurch nahm die Urbanisierungsrate zu. Doch die Elementarbildung findet nicht statt oder steigt nicht, da viele dieser Menschen zwar in die Stadt zwischen, aber keine Schulen besuchen, nicht arbeiten, nicht verdienen und auch nichts kaufen. Lerner ist der Meinung, dass es richtiger wäre,

diese unfreiwilligen Städter „Landflüchtlinge"
(Lerner, 1970, S. 376) zu nennen.

2. Eine hohe Verbreitung von Radiogeräten fand
nach dem zweiten Weltkrieg statt. Im Nahen
Osten seien Radiogeräte sehr billig und sogar
kostenlos verteilt worden. Somit steigt die Zahl
der Benutzer von Massenmedien. Diese kostenlos
verteilten Geräte erhöhten aber nicht die
Teilnahme, welches ja ein wichtiger Faktor der
Modernisierung ist.

Ich möchte hier, parallel zu Lerner, einige
alternative Erklärungen für diesen Fall einbringen. Z.B.
Mansilla ging davon aus, dass die ungünstigen
Ausgangsbedingungen der dritten Länder, zusammen mit
dem Demonstrationseffekt einer entwickelteren und
reicheren Kultur im Zeitalter der
Massenkommunikationsmittel die politische Szene derart
beeinflusst, dass mit einer Nachahmung des
westeuropäisch-nordamerikanischen Modells nicht zu
rechnen sei. Sowohl die demographische Situation als
auch der allgemeine Bildungsstand und die Verteilung
natürlicher Ressourcen und Energiequellen der dritten
Länder können hier als eine qualitativ schlechte
Ausgangslage bewertet werden (vgl. Mansilla, 1978, S.
34). Die schlechten Ausgangsbedingungen führen dazu,
dass die dritten Länder sich in eine Phase der
Nachahmung begeben. Sie orientieren sich an die
„Vorbildländer", also an die westlichen modernen
Länder. Doch dazu sind sie vor allem ökonomisch gar
nicht in der Lage. Man sieht dies am Besten in

kolonisierten Ländern. Sie versuchen die Verwaltung des Landes zu Rationalisieren und scheitern dann.

McClelland stellt psychologische Faktoren in den Vordergrund. Er geht davon aus, dass die Ursache der Unterentwicklung in dem Fehlen des Erfolgsmotivs liegt. Durch Untersuchungen kam er zur Annahme, dass eine hohe Leistungsmotivation der beschleunigten wirtschaftlichen Entwicklung vorangeht. Die Motivation, unternehmerisch tätig zu sein, hänge stark mit der Persönlichkeitsstruktur des Individuums zusammen. Wenn diese Motivation fehle, fehle auch das innere Bedürfnis nach Leistung. Somit kann sich diese Gesellschaft nicht weiterentwickeln (McClelland, 1961; McClelland, 1966). Man kann daraus schlussfolgern, dass diese Motivation notwendig für den Modernisierungsprozess ist. Allerdings ist es sehr schwer dieses psychologische Phänomen zu messen. Er verwendet dafür Indikatoren für Ideenreichtum, Phantasieverhalten und zieht Literatur und Malerei heran. Die Komplexität der Darstellungen in Literatur und Malerei sei Indikator für das Leistungsstreben einer Nation. Dies ist natürlich ein sehr eurozentrischer Ansatz.

Auch Everett Hagens macht eine ähnliche Behauptung. Er sieht die Quelle des Wirtschaftswachstums in der Leistungsmotivation und verknüpft soziale und psychologische Aspekte. Er ist der Meinung, dass man das Stadium des traditionellen dann verlässt, wenn man kurz vorher entmachtet wurde. Er nennt dies „Revanchestreben". Dies kommt aus der gesamten Frustration hervor, die eine solche Gesellschaft durch eine Niederlage erhalten hat. Die traditionellen

Werte werden von der Gesellschaft abgelehnt und etwas Neues wird gesucht; eine Innovation innerhalb der Gesellschaft. Als Beispiel nennt er die Länder England, Japan und Kolumbien, die zunächst entmachtet waren und für die es keinen besseren Weg zur Macht gab als Anerkennung und Selbstbestätigung durch wirtschaftliches Wachstum (Hagen, 1962; Hagen 1970).

Ich möchte hier noch als Beispiel Deutschland nennen. Diese verloren dreimal im Krieg gegen Frankreich. Eine Modernisierung brachte sie aber 1870/1871 zum Sieg. Der Sieg wurde damit erklärt, dass die deutschen Truppen Karten lesen konnten und die Franzosen nicht. Dieses Kartenlesen kann man als Innovation sehen.

Auch kann man auf die Rolle der Calvinisten in Europa oder der Juden in vielen Ländern hinweisen. Diese bildeten in den jeweiligen Ländern eine Minderheit, was sie aber nicht davon abhielt, erfolgsbewusst zu sein. Es ist festgestellt worden, dass „modernes" Verhalten die Manager aus der Minderheiten zeigten und nur wenige einheimische Unternehmer. Demnach seien erfolgreiche einheimische nur Ausnahmen (Mansilla 1978, S. 40). Solche Faktoren gelten als wichtige Bestandteile auf dem Weg zur Modernisierung.

7.0 Schlusswort

Ich habe versucht, die Modernisierungsgedanken der 50er und 60er Jahre vorzustellen. Man ging davon aus, dass das westliche Modell der Modernisierung in

188

alle Länder übertragbar sei. Dabei habe ich versucht, einige Grundprobleme wiederzugeben.

Die Konzentration dieser Arbeit lag bei Daniel Lerner. Lerner hat zahlreiche Forschungen im Nahen Osten gemacht. Seine Ergebnisse sind sehr wertvoll. Trotzdem muss man sagen, dass dieses Konzept der westlichen Modernisierung sehr einseitig ist. Er geht davon aus, dass es ausreicht, das Persönlichkeitssystem neu zuordnen. Seine sozialpsychologische Strategie kann aber keine hohe Auswirkung auf historische Veränderungen haben. Modernisierungsprozesse umfassen sowohl innere als auch äußere Prozesse. Entwicklungsprozesse eines Landes beinhalten viele verschiedene Faktoren, da reichen Empathie und Beteiligung nicht aus. Aber diese Theorie, generell die Modernisierungstheorie macht nur interne Faktoren für die Entwicklung bzw. Unterentwicklung eines Landes verantwortlich. Andere wichtige Faktoren, wie z.B. internationale Verflechtungen, Kolonialismus oder Imperialismus werden unterschlagen (vgl. Boeke, 1953; Geiger & Mansilla 1983).

Die modernen westlichen Gesellschaften zeigt er als Vorbild, an die sich die anderen Länder halten sollten. Eingangs erwähnt er, dass die Reformer im Osten gut daran tun werden, die historische Sequenz der westlichen Entwicklung zu studieren (Lerner, 1970, S. 362). Er nimmt für die westlichen Gesellschaften den Anspruch, an Qualität gelungen zu sein. Die westliche Modernität wird mit Demokratie, Vertrauen, Gerechtigkeit, Mobilität sowie psychischer Empathie, sozialem Wohlstand, kultureller Fortschrittlichkeit und ökonomischem

Wachstum verbunden. Damit sehe ich diese Modernisierungstheorie als Utopie. Als eine Utopie der gleichförmigen und unaufhaltbaren Durchsetzungsfähigkeit der Moderne. Der Pfad der Modernisierung kann nicht immer derselbe sein.

Die Modernisierungstheorie untersucht zu wenig den internationalen Kontext. Die Vorstellung der amerikanischen bzw. westlichen Industriegesellschaft als Ideal von Modernität und als "natürlicher Endpunkt" gesellschaftlicher Entwicklung ist spätestens mit den Ökologie-Bewegungen zweifelhaft geworden (vgl. Wehling, 1992; Kößler & Schiel, 1996). Weiterhin wirkte sich die fast ausschließliche Konzentration auf endogene Faktoren zur Erklärung von "Unter-Entwicklung" äußerst negativ auf die weitere Rezeption von Modernisierungstheorien aus und bot in den 1970er Jahren beispielsweise den sogenannten Dependenztheorien ein Einfallstor für zentrale Kritikpunkte.

Abschließend möchte ich sagen, dass diese und ähnliche Theorien Gesellschaften als Systeme betrachten. Es gilt die Annahme, dass Gesellschaften abgeschlossene Systeme seine, an denen man Experimente oder gewisse Reformen ausprobieren kann, die in anderen Gesellschaften positive Ergebnisse erbracht haben.

8.0 Literaturverzeichnis

- Boeke, Herman Julius: Economics and Economic Policy of Dual Societies as Exemplified by Indonesia. Haarlem, 1953

190

- Bendix, Reinhard: Modernisierung in internationaler Perspektive. In: Zapf, Wolfgang (Hg.): Theorien des sozialen Wandels. Köln: Kiepenheuer & Witsch: 1969, S. 505-512
- Geiger, Wolfgang u. H.C.F. Mansilla: Unterentwicklung. Theorien und Strategien ihrer Überwindung. Frankfurt (Diesterweg), 1983
- Hagen, E.E.: On the Theory of Social Change. How Economic Growth Begins. Homewodd, Illinois: 1962
- Hagen, E.E.: Traditionalismus, Statusverlust, Innovation. In: Wolfgang Zapf (Hrsg.): Theorien des sozialen Wandels. Köln und Berlin: Kiepenheuer & Witsch, S. 351-361, 1970
- Inkeles, Alex.: The Modernization of Man. In: M. Weiner (Hrsg.): Modernization: The Dynamics of Growth. New York: Basic Books, S. 138-150, 1966
- Knöbl, Wolfgang: Spielräume der Modernisierung. Weilerswist: Velbrück, 2001
- Kößler, Reinhart u. Schiel, Tilman: Auf dem Weg zu einer kritischen Theorie der Modernisierung. Frankfurt am Main: IKO-Verlag, 1996
- Lerner, Daniel: Die Modernisierung des Lebensstils: Eine Theorie. In: Wolfgang Zapf (Hrsg.): Theorien des sozialen Wandels. Köln und Berlin: Kiepenheuer & Witsch, S. 362-381, 1970
- Lerner, Daniel: The Passing of Traditional Society. New York: Free Press Corporation, 1958
- Levy, Marion J. Jr.: The Structure of Society. Princeton: Princeton University Press, 1952

- Mansilla, H.C.F.: Entwicklung als Nachahmung. Zu einer kritischen Theorie der Modernisierung. Meisenheim am Glan: Verlag Anton Hain, 1978
- McClelland, D.C.: The Archieving Society. Princeton: 1961
- McClelland, D.C.: The Impulse to Modernization. in: M. Weiner (Hrsg.): Modernization: The Dynamics of Growth. New York: Basic Books. 1966
- Nursi, Said: Muhakemat. Istanbul: Yeni Asya, 2000
- Ratner, S.: American Taxation. Its History as a Social Force in Democracy. New York, 1942
- Rostow, W.W.: The Process of Economic Growth. New York: W. W. Norton and Company, 1952
- Rostow, W.W.: The stages of economic growth. A non-communist manifesto. Cambridge: University Press, 1960
- Schütz, A.: „Der Fremde" u. „Der Heimkehrer", in: ders., Gesammelte Aufsätze, Bd. 2: Studien zur soziologischen Theorie. Den Haag: 1972, S. 53-84
- Wehling, Peter: Die Moderne als Sozialmythos. Zur Kritik sozialwissenschaftlicher Modernisierungstheorien. Frankfurt am Main / New York: Campus, 1992

Vermittlung von Wissenschaft in den Medien

Untersuchungen zum Layout des Wissenschaftsressorts der Wochenzeitschrift "Der Spiegel" von 1965 bis 1999

1.0 Einleitung

Bilder sagen mehr als tausend Worte, heißt es bekanntermaßen. Bildern wird damit eine wesentliche Rolle in der Informationsübermittlung zugesprochen, unabhängig davon, ob sie eine positive oder negative oder richtige oder falsche Botschaft erzeugen. In sozialen Medien werden Beiträge ohne Bilder kaum angeklickt und Zeitschriften sind mit Bildern zugepflastert. Daher bietet sich an, dieses Phänomen im Zeitvergleich zu analysieren.

So soll mit diesem Beitrag geschaut werden, welchen Zusammenhang es zwischen den verwendeten Bildern und der Darstellungsweise der Artikel gibt. Dabei beschränkt sich die Analyse auf die Einsetzung und die Darstellungsweisen von Fotos und Illustrationen in wissenschaftlichen Artikeln und auf dem Cover. Untersucht wird einzeln jede Ausgabe der wöchentlich erscheinenden Zeitschrift "Der Spiegel" in einem Zeitraum von 1965 bis 1999[6].

Zunächst werden in den nächsten Kapiteln die Fragestellungen und die theoretischen Ansätze, die der Arbeit zur Grunde liegen, vorgestellt. Hierbei geht es um die Rolle von Fotos und Illustrationen für Zeitungen und Zeitschriften. Im nächsten Abschnitt wird die Erhebungsmethode der Arbeit vorgestellt. Daran anschließend folgen die empirischen Befunde. Zum Schluss folgt ein kurzes Fazit.

2.0 Fragestellungen

Zunächst einmal geht es darum, ob es Illustrationen gibt und wenn ja, was auf den Fotos und Illustrationen vordergründig oder zentral dargestellt wird. Dieses wird eingeteilt in die Kategorien Person/Porträt, Gegenstand, Ereignis, wissenschaftliche Praxis und Sonstiges.

Auch der Umfang der einzelnen Themen, die sich im Jahresverlauf verändern, ist Gegenstand dieser Forschung.

Weiterhin werden die Artikelformen, in Bezug auf die Bilder, untersucht. Dabei soll geschaut werden, ob es bestimmte Artikelformen gibt, die Bilderreicher sind als andere.

---

[6] Die Ausgaben zwischen den Jahren 1975 bis 1979 standen leider nicht zur Verfügung.

194

Zuletzt wird die Frage bearbeitet, ob es bestimmte Themen gibt, die vermehrt das Cover mit Bildern schmücken. Hier soll geschaut werden, welche Themen bevorzugt auf dem Cover behandelt werden.

An Hand dieser Fragestellungen werden die empirischen Befunde ausgewertet.

3.0 Theoretische Grundlagen

Printmedien waren nicht immer bilderlastig. Man erinnere sich an Zeitungen Anfang des 20. Jahrhunderts oder auch an große Zeitungen, die gegenwärtig noch, wenig Bilder nutzen, dafür aber viel Text, und damit "Seriosität" ausstrahlen.

Erst nachdem der Fernseher mit seinen Bildern die Printmedien überholte, ein „optisches Zeitalter" (Kaupp, 1971, S. 87) einläutete, die Bilder- und Fototechnik an Qualität gewann und diese Technologie für die Massen zugänglich war, nahm auch die Verwendung von Fotos und grafischen Darstellungen in den Printmedien zu.

Zudem wurde es immer schwieriger, die zum Teil hoch komplexen wissenschaftlichen Prozesse in Wort und Sprache wiederzugeben. Vor allem für Wissenschaftsressorts waren Bilder und Grafiken eine sehr gute Möglichkeit, Prozesse besser zu beschreiben. Wissenschaftliche Forschungsbereiche, wie z.B. die Gentechnik oder die Nanotechnik, sind ohne den Einsatz von grafischen Darstellungen kaum vorstellbar. Hinzukommen die Entwicklungen im Bereich der

Fotografie und der computergestützten grafischen Darstellung, die eine Nutzung dieser befürworten.

Die Erwartung, dass der Text in den Illustrieren immer wichtig werden und das Foto immer mehr zurückgehen wird (vgl. De Volder, 1959, S. 141), hat sich nicht erfüllt. Dass vermehrt Bilder verwendet werden, muss jedoch nicht zwingend pessimistisch als „post-literarischer Analphabetismus" (Anders, 1956, S. 3) bewertet werden, auch wenn dies in den letzen Jahren in allen Bereichen erheblich zugenommen hat. Wie oben beschrieben, ist dies in bestimmten Gebieten auch eine Notwendigkeit, daher kann es auch als eine Bereicherung der wissenschaftlichen Berichterstattungen betrachtet werden.

Daher lohnt es sich zu schauen, auf welche Art und Weise Fotos und Illustrationen im Wissenschaftsressort verwendet werden. Wie bereits erwähnt, wird dabei fokussiert, u.a. was zentral auf den Abbildungen dargestellt wird (Person/Porträt, Gegenstand, Ereignis, Wissenschaftliche Praxis oder Sonstiges) oder die Anzahl der Abbildungen in den unterschiedlichen Artikelformen (Kommentar, Reportage, Interview, Reportage/Interview, Reportage/Kommentar).

Dass Fotos und Illustrationen sowohl insgesamt als auch für die wissenschaftliche Berichterstattung eine zunehmend wichtige Rolle spielen, ohne dass dabei der Textanteil eines Artikels in den Hintergrund gedrängt wird, kann an Hand von verschiedenen Faktoren begründet werden.

Obwohl im Internetzeitalter die Nutzung von Printzeitungen nachgelassen hat, ist dies bei Zeitschriften und Zeitungen nicht so. Diese sind weiterhin als Massenmedien am Markt beteiligt und werden im großen Stile konsumiert. Man betrachte nur die Kiosks oder Zeitschriftenabteilungen von Tankstellen, in denen diese Vielfalt gesehen werden kann. Sowohl Zeitschriften als auch Zeitungen orientieren sich naturgemäß an Verkaufszahlen. Diese entscheiden über Werbeeinnahmen. Daher ist es selbstverständlich, dass sich auch Printmedien am „Macht des Visuellen" (De Volder, 1959, S. 142) orientieren, um auf dem Markt der Massenmedien bestehen zu können. Dabei ist ohne Zweifel das Deckblatt oder Cover ein erster "Blickfang" für potenzielle Leser. Daher ist es wichtig zu schauen, welche Themen aus dem Wissenschaftsressort bevorzugt auf dem Deckblatt landet.

Aber nicht nur marktökonomische Überlegungen führen zu einer zunehmenden Rolle von Fotos und Illustrationen in Wissenschaftsartikeln. Ein kurzer Blick auf gesamtgesellschaftliche Entwicklungen zeigt, dass, wie bereits erwähnt, eine Notwendigkeit der Nutzung von Fotos und Illustrationen herrscht, um über wissenschaftliche Themen besser zu berichten. Hochentwickelte Industriegesellschaften haben sich inzwischen zu Informations- und Kommunikationsgesellschaften entwickelt. Dabei bekommen Informationen „im Zuge der elektronischen Revolution durch die modernen Wissens- und Kommunikationstechniken einen neuen Stellenwert. […] Neben Materie und Energie ist damit Information der anerkannte dritte Grundstoff, mit dessen steigender Bedeutung als universelle Ressource" (Spinner, 1995, S. 126) sich alle Disziplinen der Wissenschaft beschäftigen. Dabei betrifft diese „Informationsexplosion und -revolution" (Spinner, 1995, S. 127) nicht nur die Wissenschaft oder Teilbereiche sondern die gesamte Gesellschaft (Industrie und Verwaltung, Medien). In der Informationsgesellschaft verschiebt sich der „kognitive Schwerpunkt [...] vom abstrakten Theoriewissen auf aggregiertes Datenwissen in einfachster Art und Anordnung, jedoch in großen Mengen angehäuft zu riesigen Informationsbergen" (Spinner, 1995, S. 127). Angesichts dieser "Massendaten" bleibt Zeitungen und Zeitschriften nur der Rückgriff auf Fotos, Illustrationen, Tabellen, Graphen etc. übrig, um ihren Lesern Entwicklungen und Tatsachen überhaupt erläutern zu können.

Die Quantität der Informationen ist also in den letzten Jahren explosionsartig gestiegen. Gleichzeitig werden die Forschungsergebnisse immer komplexer und zum teilweise "mit dem bloßen Auge" nicht mehr nachvollziehbar. Daher kommt man nicht umher, die behandelten Themen durch Illustrationen verständlicher zu machen. Diesen Methoden kann sich die Wissenschaft oder der Journalismus bedienen, um die Leserschaft besser zu erreichen.

Daher ist die bloße Anzahl von Fotos und Illustrationen oder deren Anstieg oder Abnahme nicht relevant. Viel wichtiger ist der Zusammenhang zwischen Textform, Thema, Platzierung (inkl. Titelthema) und der jeweiligen Illustration. Diesen Fragen soll nun nachgegangen werden.

4.0 Erhebungsmethoden

Als Erhebungsinstrument wurde der Fragebogen gewählt, da dieser sich am sinnvollsten für die Fragestellungen eignet. Folgende Fragen wurden dabei gestellt:

- **Gibt es Illustrationen in dem Artikel?**
  Dies war eine Filterfrage. Im Falle der Beantwortung mit Ja wurde mit 1 kodiert und mit der nächsten Frage fortgeführt. Falls keine Illustrationen im Artikel vorhanden waren, wurde mit 0 kodiert und der weitere Illustrationsfragenkomplex übersprungen.

- **Was wird auf der Illustration vordergründig dargestellt?**
  Hierbei soll geklärt werden, ob folgende Darstellungen auf den Illustrationen bei bestimmten Themen bevorzugt werden: Person/Porträt, Gegenstand, Ereignis, wissenschaftliche Praxis, und Sonstiges. Analysiert wurden dabei maximal zwei Illustrationen pro Artikel.

- **Welche Themen sind in der Zeitschrift im Jahresverlauf vorhanden?**
  Um die Fragestellung zu beantworten, ob es im Jahresverlauf Unterschiede in der

Auswahl der Themen gibt, wurde diese Frage gestellt. Die Themenfelder waren Flora&Fauna, Technik, Klima, Energie, Gesundheit, Astronomie, Gentechnik und Sonstige.

- **Wie viele Illustrationen enthält der Artikel?**
  Dieser Frage diente dazu, zu schauen, ob die Anzahl der Bilder von der Form des Artikels abhängig ist. Hier wurden die Kategorien Kommentar, Reportage, Interview, Reportage/Interview und Reportage/Kommentar genommen.

- **Thema auf dem Cover abgebildet?**
  Diese Fragestellung wurde gestellt, um zu ermitteln, ob bestimmte Themen häufiger auf dem Cover abgebildet werden als andere.

5.0 Empirische Befunde

In diesem Kapitel geht es darum, einige der Befunde zum Thema "Layout – Illustrationen" vorzustellen. Die Fragestellungen werden nun in Unterkapiteln mit Ergebnissen vorgestellt.

5.1 Gibt es Illustrationen?

Es wird nun Schritt für Schritt analysiert, welchen Zusammenhang die verwendeten Bilder mit der

Darstellungsweise des Artikels haben. Dazu sind erst einmal die Ergebnisse der Fragestellung „Gibt es Illustrationen in dem Artikel?" wichtig.

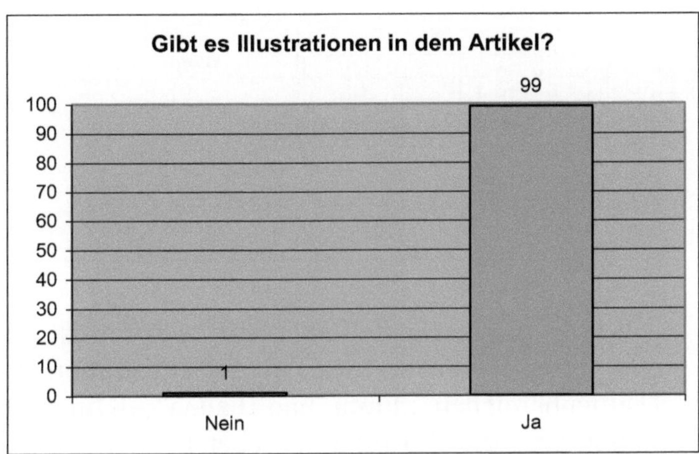

Wie hier eindeutig zu erkennen ist, sind fast alle Artikel mit Illustrationen belegt. 99% der Artikel haben Illustrationen. Dies zeigt deutlich, wie wichtig die bildliche Darstellung in einem Artikel ist. Dies macht den Artikel insgesamt attraktiver.

5.2 Darstellung

Als nächstes kann nun geschaut werden, was auf der Illustration vordergründig dargestellt wird. Hier wird unterschieden zwischen Person/Porträt, Gegenstand, Ereignis, Wissenschaftliche Praxis und Sonstiges.

Hier ist es wichtig, zu erwähnen, dass pro Artikel maximal zwei Bilder ausgewertet wurden. Enthielt ein Artikel mehr als zwei Bilder, so wurden die ersten beiden

Bilder analysiert. Nun folgen die Auswertungen (die Arten) für die ersten zwei Illustrationen.

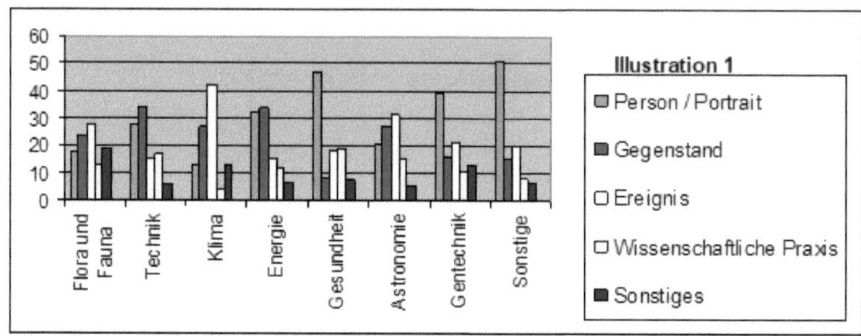

Wie in dieser Darstellung auch zu sehen ist, gibt es große Unterschiede bei der Art der Illustration. Bei den Themenbereichen „Flora und Fauna", Klima und Astronomie sind die Illustrationen eher Ereignisse. Dies ergibt sich auch schon aus den Themengebieten, denn bei diesen Wissenschaftsgebieten kann man mit Ereignissen eine bessere Darstellung machen, als z.B. mit einer Person. Die Häufigkeit, dass eine Illustration eine Person oder ein Porträt ist, beträgt bei dem Themengebiet Klima nur 13,3%. In den Themengebieten Gesundheit und Gentechnik dagegen, ist hier die Wahrscheinlichkeit am höchsten. Bei Gesundheit beträgt die Wahrscheinlichkeit 47,1% und bei Gentechnik 39,5%. In diesen Themengebieten erhöht es die Seriosität des Artikels, wenn ein Arzt, ein Professor oder ein Wissenschaftler abgebildet ist. In Themengebieten Technik und Energie sieht man, dass die Darstellungsarten Person und Gegenstand sehr hoch sind. Bei Technik beträgt die Wahrscheinlichkeit, dass eine Illustration eine Person ist 27,8%, und dass es ein Gegenstand ist 33,6%. Bei Energie sind diese Werte für Person bei 32,2% und bei
202

Gegenstand 33,9%. Auffallend ist, dass eine Darstellung einer wissenschaftlichen Praxis bei allen Gebieten niedrig ist. Das kann aber damit zusammenhängen, dass es manchmal nicht leicht ist, den Unterschied zwischen „Ereignis" und „Wissenschaftliche Praxis" klar zu trennen.

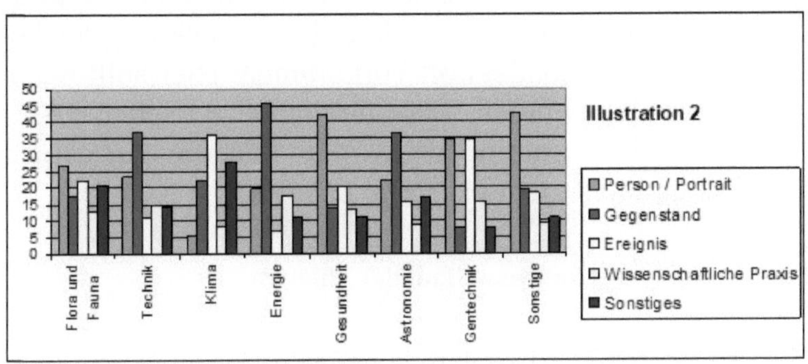

Bei der zweiten Illustration sieht man nun einige Unterschiede. Bei Flora und Fauna gibt es nun keine großen Unterschiede zwischen den Darstellungsformen. Bei Technik sieht es wieder gleich aus. Der Anteil der Gegenstandsillustrationen beträgt 37,2% und für Personen 23,3%. Auch bei dem Themengebiet Klima gibt es keine großen Unterschiede. Bei Energie steigt die Darstellung eines Gegenstandes auf 45,7%. Bei Gesundheit ist immer noch die Person als Darstellungsart an der Spitze mit 42%. Bei der Astronomie sinkt plötzlich die Wahrscheinlichkeit für eine Ereignisdarstellung auf 15,5%. Bei der Gentechnik sieht man genau das Gegenteil. Die Wahrscheinlichkeit für ein Ereignis steigt auf 34,6%. Weiterhin sollte erwähnt werden, dass die Illustrationsart „Sonstiges" bei allen Kategorien, außer Gentechnik, angestiegen ist. Dazu muss man auch sagen, dass 27,95% der Artikel kein zweites Bild hatten.

5.3 Jahresverlauf der Themen

Als nächstes ist es interessant zu schauen, wie sich der Umfang der einzelnen Themen im Jahresverlauf verändert hat. Es geht hier darum, zu gucken, welche Themen wann besonders oft vorkommen. Hier sollt noch einmal erwähnt werden, dass die Jahre zwischen 1975 und 1979 nicht miterhoben worden, da die Ausgaben dieser Jahre nicht zur Verfügung standen.

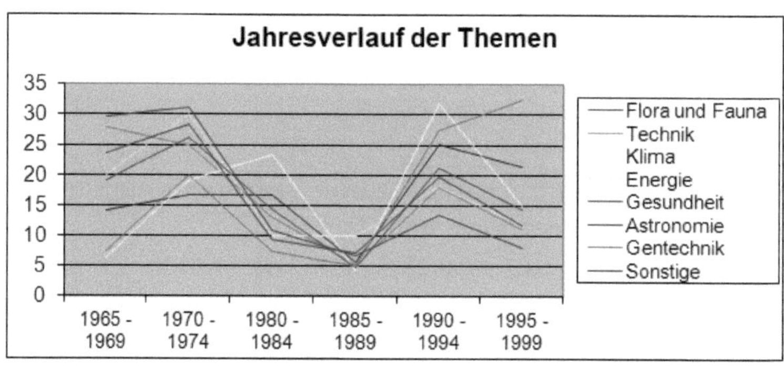

Man sieht zunächst einmal, dass die Kurve „M"-förmig verläuft. Das heißt, es gibt zunächst eine Steigerung, wonach ein Sinken erfolgt. Auf dieses Sinken folgt eine erneute Steigerung mit einer anschließenden Minderung. Und dies ist in allen Themengebieten der Fall.

Aus der Tabelle kann man sehr gut die einzelnen Verläufe erkennen. Das Themengebiet Flora und Fauna

204

ist in den 60ern bis 80er Jahren uninteressant. Ab den 90er steigt die Kurve rasant an. Während es in den 1985 – 1989 Jahren 5,6% betrug, steigt es in den Jahren 1990-1994 auf 25,2%. Das kann daran liegen, dass Anfang der 90er die Umweltverschmutzung und das Ozonloch zu einem weitverbreiteten Thema wurde.

Das Themengebiet Technik liegt zunächst bei 28% und fällt dann immer tiefer, bis es in den Jahren 1985-1989 nur noch 5,3% beträgt. Danach kommt es zu einer kurzen Steigung auf 17,9% worauf wieder ein Fallen auf 11% folgt.

Einen ähnlichen Verlauf hat auch das Thema „Energie". Während es zunächst auf 20% (1965-1969), und dann sogar auf 30% (1970-1974) liegt, folgt dem ein Sinken bis auf 10% in den Jahren zwischen 1980 und 1989. Danach kommt eine Steigerung auf 18,3% mit einer darauf folgenden Senkung auf 11,7%.

Bei „Klima" sieht man, dass es schon immer ein wichtiges Thema war. Bis auf die Jahre 1965 – 1969 und 1985 – 1989, sind die Werte immer hoch. Wie schon bei Flora und Fauna, ist dieses Themengebiet besonders in den Jahren 1990-1994 sehr „anziehend". 31,9% der Artikel beinhalteten in diesen Jahren das Thema „Klima".

Das Themengebiet „Gesundheit" verläuft ähnlich wie das Thema „Klima". Bis auf die Jahre 1985 bis 1989 mit 4,8% hatte es immer einen sehr hohen Stellungswert. Zwischen 1970 und 1974 erreichte es einen Wert von 26,3%.

Die Mondlandung der Apollo 11 am 20. Juli 1969 ist sicherlich einer der größten Faktoren, dass Astronomie in den Jahren 1965 bis 1974 „Spitzenreiter" in der Themenauswahl war. Zwischen 1965 und 1969 betrug der Anteil 29,7% und zwischen 1970 und 1974 sogar 31,1%. In beiden Jahreskategorien an der Spitze. Doch danach folgt ein radikaler Fall auf 6,8% in den Jahren zwischen 1985 und 1989. Dies kann den folgenden Grund haben, dass diese Wissenschaft an Gewicht verloren hat. Es ist nicht mehr so „brisant" in diesem Themengebiet wie es früher einmal der Fall war.

Das Themengebiet „Gentechnik" scheint das Thema der Zukunft zu sein. Während es zunächst fast gar nicht angesprochen wird (bis auf 1970-1974 liegt sie zwischen 5% und 7,5%) hat es plötzlich einen Anstieg auf 27,5% in den Jahren 1990-1994. In den darauffolgenden Jahren sogar einen Wert von 32,5% und ist damit Spitzenreiter in den letzten 90er Jahren. Und die Kurve ist, im Gegensatz zu den anderen Wissenschaften, weiterhin im Aufstieg. Dies ist auch sehr gut nachvollziehbar. Denn die Gentechnik hat sich in den letzten Jahren rasant entwickelt. Es wurde auch zu einem Thema, dass viel Diskussion mit sich brachte, so dass sich dies in den Artikeln der Zeitschrift „Spiegel" wiederschlug.

Dass in den Jahren 1980 bis 1990 insgesamt ein Einbruch in den wissenschaftlichen Artikeln zu sehen ist, kann damit erklärt werden, dass dieses Jahrzehnt mit gesellschaftlichen Umwälzungen verbunden war. Politische und gesellschaftliche Änderungen kennzeichneten dieses Jahrzehnt. Das Thema Wissenschaft drang in den Hintergrund.

5.4 Anzahl der Bilder

Bei der Fragestellung, ob die Anzahl der Bilder von der Form des Artikels abhängig ist, kommt man zum folgenden Ergebnis:

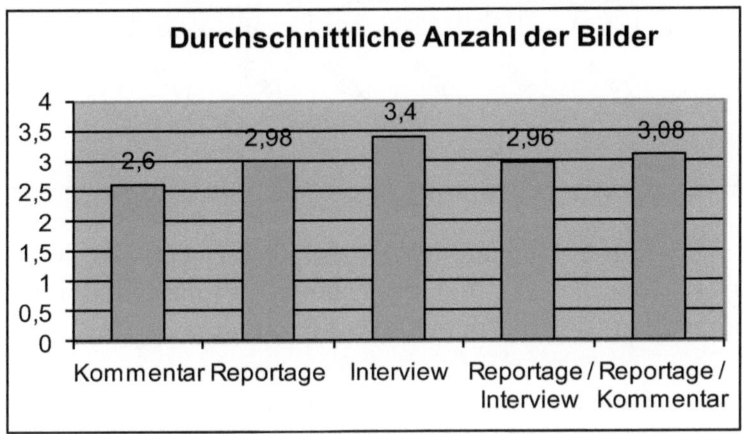

Aus diesem Ergebnis wird deutlich, dass die Anzahl der Bilder unabhängig von der Textart ist. Wie zu sehen ist, befinden sich die Werte fast alle auf derselben Ebene mit durchschnittlich ca. drei Bildern pro Artikel.

5.5 Themengebiet auf dem Cover

Eine weitere interessante Fragestellung ist, ob es Themen gibt, die eher auf dem Cover abgebildet sind als andere. Also ob es Themen gibt, die auf dem Cover bevorzugt werden? Hier kommt man zu folgendem Ergebnis:

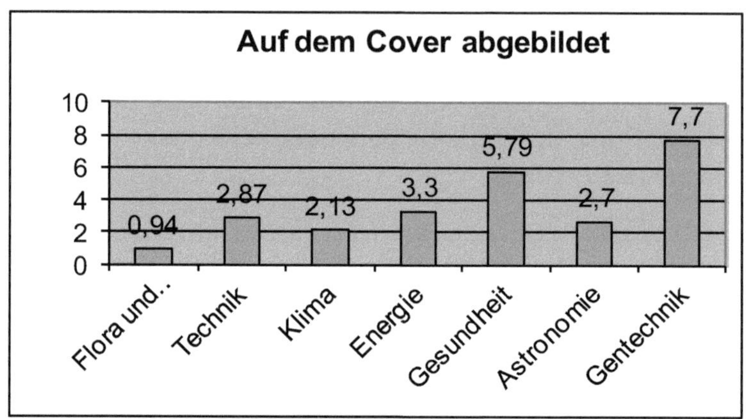

Diese Darstellung ist folgenderweise zu lesen: 0,94% der Artikel, die das Thema „Flora und Fauna" beinhalten, sind auf dem Cover abgebildet.

Hier sieht man zunächst einmal, dass alle Werte sehr niedrig liegen. Das liegt sicherlich daran, dass überwiegend das Themengebiet „Politik" auf dem Cover abgebildet ist, da dies die Leserschaft des „Spiegels" ehr anspricht. Aus den vorliegenden Ergebnissen kann man aber sehen, dass das Themengebiet „Gentechnik" den anderen voraus ist. Themen wie Flora und Fauna oder Klima sind am wenigsten auf dem Cover abgebildet.

6.0 Schlusswort

Fotos, Grafiken, Bilder und Illustrationen sind elementare Bestandteile des Wissenschaftsressort der

Zeitschrift "Der Spiegel". Es kann nicht ohne Weiteres auf sie verzichtet werden. Nahezu jeder Artikel beinhaltet eine der Formen, die kategorisiert wurden (Person/Porträt, Gegenstand, Ereignis, Wissenschaftliche Praxis oder Sonstiges), unabhängig von der Form des Artikels (Kommentar, Reportage, Interview, Reportage/Interview, Reportage/Kommentar).

Es zeigte sich, dass Illustrationen nicht nur aufgrund der besseren Darstellungsweise von wissenschaftlichen Prozessen eingesetzt werden. Denn gerade in Themengebieten, wie z.B. Gesundheit und Gentechnik, in denen man einen vermehrten Einsatz von Grafiken erwartet hätte, dominieren die Darstellungen von Personen.

Mit Blick auf die Frage nach der Wissenschaftsvermittlung in den Medien, lässt sich sagen, dass trotz der ohne Zweifel zu beobachtenden Anhäufung von Daten und der hohen Komplexität der wissenschaftlichen Prozesse, in der Berichterstattung Personen, bzw. Ereignisse und weniger konkrete wissenschaftliche Forschungsarbeiten im Vordergrund stehen.

Daraus lässt sich vermuten, dass die steigende Komplexität und Quantität von Informationen nicht durch differenziertere Berichterstattung, sondern durch Konzentrationen auf bestimmte Personen und Ereignisse reduziert und verständlicher gemacht werden.

7.0 Literaturverzeichnis

- Anders, Günther, Die Antiquiertheit des Menschen, München 1956
- Castells, Manuel, Das Informationszeitalter 1 – Der Aufstieg der Netzwerkgesellschaft, Opladen 2001.
- De Volder, U., Soziologie der Zeitung, Stuttgart 1959
- Kaupp, Peter, Die schlimmen Illustrierten. Leserschaft, Inhalt und Wirkung der *Neuen Revue*. Massenmedien und die Kritik ihrer Kritiker, Düsseldorf, Wien, 1971
- Spinner, Helmut F. „Informations- und Kommunikationsgesellschaft", in: Schäfers, Bernhard (Hg.), Grundbegriffe der Soziologie 4. Auflage, Opladen 1995

Macht und Spiel in Organisationen

1.0 Einführung

In dieser Arbeit wird der Frage nachgegangen, wie Organisationen funktionieren und sie ihre Existenz sichern. Machtkonstellationen, Autonomie und die Ziele der einzelnen Mitglieder in einer Organisation spielen hierbei eine wichtige Rolle. Anhand der Texte von Erhard Friedberg (Zur Politologie von Organisationen) und Günther Ortmann (Macht, Spiel, Konsens) werden Organisationen auf ihre Struktur hin untersucht. Die Theorien von Herbert A. Simon[7] sind zentral für die beiden Arbeiten von Friedberg und Ortmann.

In der Betriebswirtschaftslehre wurden solche Fragen schon öfters behandelt. Wie haben Organisationen Bestand? Wie funktionieren sie? Woher wissen die Mitarbeiter, was sie gang genau zu tun haben? Wie verlaufen Entscheidungsprozesse? Zur Beantwortung dieser Fragen dienten viele verschiedene Theorien. Man kam zum Schluss, dass der Bestand und das Funktionieren von Organisationen nicht mehr selbstverständlich sei, aber dafür gut erklärbar (Ortmann, 1988, S. 13).

Wie die Soziologie diese Fragen beantwortet, soll nun in den folgenden Kapiteln geklärt werden. Im

---

[7] Der Amerikaner Herbert A. Simon erhielt 1978 den Nobelpreis für Wirtschaftswissenschaften. In der Begründung hieß es: „Für seine bahnbrechende Erforschung der Entscheidungsprozesse in Wirtschaftsorganisationen.“

folgenden Kapitel wird die menschliche Struktur behandelt. Dabei geht es darum, dass der Mensch nur begrenzt in der Lage ist Informationen und Alternativen zu erfassen. In Kapitel 3 werden der Machtbegriff und Machtbeziehungen näher erläutert. Danach wird der Spielbegriff (Kapitel 4) vorgestellt, und das Spielfeld mit den Spielregeln (Kapitel 5), die für das Funktionieren und Weiterexistieren von Organisationen wichtig sind. In Kapitel 6 geht es darum zu schauen, nach welchen Kriterien der Mensch seine Entscheidungen fällt. Kapitel 7 beschäftigt sich mit dem Konsens Begriff, der als „Konkurrenz" für den Begriff des Kontrollparadigmas in die Industriesoziologie eingeführt wird. Abschließend kommt dann das Schlusswort.

2.0 Menschliche Struktur

Zunächst müssen wir festhalten, dass Organisationen künstliche Gebilde sind. Ihre Existenz und ihr Fortbestand sind problematisch und gefährdet

1. durch begrenzte Rationalität des Verhaltens ihrer Mitglieder. Es ist nicht möglich, dass die Mitarbeiter vollkommen optimierend und rational handeln. Vielmehr entwickeln sie eigene Handlungslogiken und handeln danach. Es ist nie möglich, alles zu optimieren, da man nicht alle Alternativen kennt und nicht den totalen Überblick hat. Dieses Modell geht auf Herbert Simon (Vgl. 1981; 1997) zurück und will aussagen, dass der Mensch unfähig ist, einem Modell absoluter Rationalität zu folgen, „weil er

212

keine vollständige Information hat und nicht alle Wahlmöglichkeiten erfassen kann" (Friedberg, 1988, S. 47ff) und „weil er nicht synoptisch, sondern sequentiell denkt" (Friedberg, 1988, S. 48).

2. durch die begrenzte Interdependenz der Organisationsmitglieder. Die Mitglieder haben einen eigenen Freiraum, den sie auch versuchen zu erweitern und stets auch verteidigen. Damit werden die Organisationszusammenhänge laufend untergraben.

3. durch die begrenzte Legitimität der Organisationsziele. Da Mitglieder auch eigene Interessen vertreten, ihre Ziele und Wertsetzungen haben, werden die Organisationsziele geschwächt oder in den Hintergrund verdrängt.

Organisationen müssen sich also auf eine menschliche Strukturierung der ihnen zugrundeliegenden Handlungsfelder stützen können, um ihren Bestand zu sichern und sich weiterzuentwickeln. Die nötige zwischenmenschliche Zusammenarbeit muss sichergestellt werden und hierbei gibt es zwei Merkmale menschlicher Strukturierung:

1. Menschliche Strukturierung ist kontingent. Sie wird von technischen, ökonomischen und anderen strukturellen Gegebenheiten ihres

Kontextes bedingt. Sie ist aber nicht auf diese rückführbar.

2. Menschliche Strukturierung ist politischer Natur. Sie führt eine Ordnung herbei, die auf verschiedenen Macht- und Abhängigkeitsbeziehungen basiert. Somit werden die Verhaltensweisen der einzelnen Akteure stabilisiert und miteinander verbunden.

Wie schon vorher erwähnt, gibt es keine „optimale" Organisation. Sie liegen menschlichen Systemen zugrunde, deren spezifische Dynamiken durch eine induktive Forschungsmethode zu erfassen sind. Von zentraler Bedeutung ist dabei eine empirische Analyse des Problems der Macht in Organisationen.

3.0 Macht und Autonomie

Es gibt zahlreiche Interpretationen von Macht. Es verbinden sich mit diesem Begriff verschiedene unrealistische Vorstellungen. „Macht wird betrachtet als ein Ding, als etwas, das man besitzen kann, das aber nur einige wenige, nämlich ´die da oben´, besitzen und gegen die vielen Machtlosen ´da unten´ anwenden, wobei man sich selbst meist zu den Machtlosen zählt" (Friedberg, 1988, S. 41). Negative Begriffe wie Gewalt, Machtmissbrauch oder Einfluss sind dem Machtbegriff immer angekoppelt. Dies führt meistens zu einer negativen Bewertung des Begriffes Macht.

Ganz im Gegenteil. Menschliche Beziehungen ohne Macht gibt es nicht. Es ist ein alltäglicher Mechanismus. Jeder Mensch möchte in seinen Beziehungen zu den anderen ein autonomer Akteur bleiben, sich das Recht nehmen, sich anders zu verhalten als von ihm erwartet wird. Friedberg definiert den Begriff Macht „als die Fähigkeit von jemandem, bei anderen Verhalten zu erzeugen, die sie ohne sein Zutun nicht angenommen hätten" (Friedberg, 1988, S. 41).

Demnach ist Macht nicht das Attribut eines Akteurs, sondern eine Beziehung zwischen zwei oder mehreren Akteuren, das heißt Macht ist untrennbar mit der Beziehung verbunden, die ein Akteur zu anderen Akteuren aufnimmt, um ein bestimmtes Verhalten bei ihnen zu produzieren. Weil Macht letztendlich die Beziehung selbst ist, beruht sie als solche immer auf Austausch und auf Verhandlung von Tauschbeziehungen, die mindestens zwei voneinander abhängige Akteure verbindet. Die Beziehung ist untrennbar verbunden mit den jeweiligen Akteuren und ihren „Einsätzen".

Machtbeziehungen sind gegenseitige und unausgeglichene Beziehungen. Austausch geschieht nur durch Gegenseitigkeit. Wenn also ein Akteur nichts mehr einsetzen kann, dann kann er auch nichts mehr austauschen und scheidet somit aus der Machtbeziehung aus.

Die Beziehung ist auch strukturell unausgeglichen. Wenn der Austausch gleichwertig ist, kann keiner der Akteure Macht über den anderen ausüben. Wenn aber einer der Akteure immer im Vorteile ist, dann spricht man von einer Machtbeziehung. „Macht ist also ein Kräfteverhältnis, aus dem einer immer mehr als die anderen herausholen kann, in dem aber keiner dem anderen völlig ausgeliefert ist" (Friedberg, 1988, S. 42). Dieses kann man als Definition für Macht in einer Organisation benutzen.

In diesen Beziehungen geht es darum, auszutauschen. Verhalten, also Handlungsmöglichkeiten werden ausgetauscht. Wenn jemand eine Handlungsmöglichkeit hat, die der andere nicht hat, aber benötigt, wird getauscht. Dies alles ist verbunden mit einem bestimmten Verhaltensspielraum. Je größer dieser Spielraum ist, desto mehr Handlungsmöglichkeiten besitzt ein Akteur. Macht ist also das Produkt von Autonomie. Autonomie ist eine Machtquelle und autonomiefreundliche Organisationsstrukturen führen nicht zu weniger, sondern mehr Machtbeziehungen.

Eine Handlungsmöglichkeit kann dann gut verhandelt werden, wenn es im richtigen Kontext ist. Das heißt, ein Akteur kann seine Handlungsmöglichkeiten da vermarkten, wo es für andere wichtig wird. Da, wo es andere nicht haben, aber benötigen, kann er seine Verhandlungen beginnen. Friedberg definiert in diesem Punkt Macht als die gleichzeitige Fähigkeit,

1. für die anderen relevante Probleme an ihrer Stelle zu lösen und
2. die Bereitschaft zu dieser Problemlösung.

Das heißt, wenn ein Akteur zwar eine Handlungsmöglichkeit hat, aber es niemanden gibt, der diese Möglichkeit benötigt oder der Akteur selbst es nicht verweigern kann, dieses Verhalten anderen gegenüber zu zeigen, die es benötigen, entsteht keine Tauschbeziehung, keine Machtbeziehung.

Um eine Machtbeziehung herzustellen, müssen sich Akteure unaustauschbar machen. Das heißt, sie müssen sich selbst unersetzbar machen und alle anderen Mitarbeiter ersetzbar machen. So wird der eigene Spielraum vergrößert und das der „Gegner" verkleinert. Somit kann man davon ausgehen, dass die Dynamik von Machtbeziehungen die Tendenz zum Monopol ist. Akteure versuchen eine Monopolstellung über die von ihnen kontrollierten Ungewissheitszonen zu erlangen. Somit wird man selbst unersetzbar, zumindest für eine bestimmte Zeit.

4.0 Spielbegriff

Kommen wir nun aber zu dem Begriff „Spiel". Ortmann behauptet, dass sich dieses Begriff recht gut eignet, um die eigentümliche Verschränkung von Kontrolle und Konsens, von Zwang und Freiheit zu beschrieben (Ortmann, 1988, S. 20-21). Nur wird dieser Begriff nicht so ganz ernst genommen. Dies hat u.a. den Grund, dass ihm ein negativer Beigeschmack des Spielerischen angeheftet wird. Ein anderer Grund ist, dass bei dem Begriff „Spiel", eine Verwechselung mit der Spieltheorie stattfinden kann.

Ortmann bezieht sich hier auf den Spielbegriff von Crozier und Friedberg. Deren Begriffe von Macht und Spielen in Organisationen bilden die Basis für

Ortmanns Konzept der Mikropolitik. Das Spiel ist für Crozier und Friedberg der „Mechanismus, mit dessen Hilfe die Menschen ihre Machtbeziehungen strukturieren und regulieren und sich doch dabei Freiheit lassen" (Crozier & Friedberg, 1979, S. 68). Somit sind Organisationen das Ergebnis einer Reihe von Spielen. Das Handeln der Spieler wird geleitet durch formale und informelle Spielregeln, aber dazu mehr im kommenden Kapitel.

Das Spiel selbst wird bei Ortmann folgendermaßen charakterisiert (1988, S. 21):

- Das Spiel ist ungerecht, unfair. Bestimmte Spieler sind schon von den Spielregeln her durch geringere Gewinnchancen benachteiligt.
- Es sind nicht-systematische Spiele. Ein Austausch der Spieler würde das Spiel verändern.
- Die Spiele sind unbestimmt. Es sind mehrere Lösungen vorhanden.
- Das Spiel ist mit unvollständiger Information ausgestattet.
- Es sind Spiele mit kontextabhängigen und persönlichen Zügen der Spieler.
- In den Spielen sind Täuschen und Bluffen konstituierend.

Die Mitarbeiter müssen normalerweise mitspielen, ob sie es wollen oder nicht. Aber dieses „Muss" ist nicht absolut. Trotz dessen gibt es einen Zwang, „der umso größer ist, als die Spieler von diesem

Spiel abhängig sind und es sich daher weniger leisten können zu verlieren" (Crozier & Friedberg, 1979, S. 326) oder ganz das Spielfeld zu verlassen. Mit Hilfe dieser Spiele können die Arbeiter die Zeit, den Raum, die Gleichförmigkeit ihrer Arbeit bunt einfärben. Es „sind Spiele der Machtlosen, die sich in der Machtlosigkeit einrichten (Ortmann, 1988, S. 24).

5.0 Spielraum und Spielregeln

In diesem Zusammenhang müsste man eigentlich davon ausgehen, dass Organisationen zusammenbrechen müssen. Denn durch die permanenten „Spielchen" der Akteure gelangen die Ziele der Organisation in den Hintergrund. Dieses Spiel ist der Handel und der Tausch der Akteure. Das es eben nicht zu diesem Bruch kommt, liegt darin, dass dieses Spiel nur erlaubt ist,

a) solange die Grundordnung nicht gefährdet wird.

b) und es in einem gewissen Rahmen stattfindet.

Formalisierte Erwartungsstrukturen müssen erfüllt werden und gewisse Vereinbarungen müssen getroffen werden, damit ein Austausch stattfindet. Man muss sich also an die Regeln halten und das Spiel nur in Grenzen spielen. Wenn die Grundprinzipien der Organisationen verletzt werden, ist ein Austausch nicht möglich. Der Grundbestand der Organisation gilt als zentrale Unsicherheitszone; und das für alle Spieler. Als Grundlage des Spiels zwischen den Akteuren sind natürliche Ausgangs-Ungewissheiten in den Kompetenzen integriert und verewigt, „die die Akteure entwickeln, um diese zu bewältigen, und die ihrerseits am Ende dazu führen, diese Ungewissheiten durch die Tausch- und Machtspiele zu rekonstruieren, zu deren Entstehung sie Anlass gegeben haben" (Friedberg, 1995, S. 287).

Dieser Spielraum engt den Handlungsspielraum eines jeden Mitspielers ein, so dass die Machtbeziehungen eine Struktur erhalten. Zum besseren Verständnis wird hier von Friedberg ein konkretes Beispiel gegeben. Und zwar geht es im einen Facharbeiter. Dieser hat das nötige Fachwissen komplizierte Maschinenstillstände zu beheben. Seine Kollegen sind von einem reibungslosen Funktionieren der Maschinen abhängig; aber ihnen fehlt das Fachwissen dazu. Der Facharbeiter, der das nötige Fachwissen hat, kann dies zu seinen Gunsten ausnutzen. Aber nur dann, wenn er bereit ist, den Stillstand der Maschine zu beheben. Ansonsten werden seine Kollegen sich von Anderen Hilfe besorgen. Somit verliert der Facharbeiter seine Beziehung. Wenn er diese Beziehung aufrechterhalten will, und daraus seinen eigenen Gewinn erzielen will, muss er auf die Erwartungen seiner Kollegen antworten bieten. Seine Macht gibt ihm nicht den Luxus, die Hilfe zu verweigern. Vielmehr macht er seine Kollegen, oder Gegenspieler, von sich abhängig.

Machtbeziehungen beruhen also auf Kollision und produzieren diese. Alle Mitspieler haben ein Interesse daran, die Beziehung aufrechtzuerhalten. Und diese werden durch implizite Spielregeln strukturiert, die den Handlungsspielraum von Akteuren begrenzen. Diese Beziehungen bleiben erhalten, da der Machtbesitzer quasi als unersetzlich gilt und da die Qualität seiner Leistungen schwer zu messen ist (Friedberg, 1988, S. 45).

Solange diese Spielregeln eingehalten werden, werden die zum erfolgreichen Bestand der Organisation notwendigen Beiträge und Ressourcen geliefert. Das heißt, wenn man das Spiel fortsetzen will, muss man sich an diese Regeln halten, welche auch den Bestand der Organisation sichern. Diese Spielregeln definieren eine Reihe gewinnbringender Strategien, zwischen denen die Akteure unter Berücksichtigung ihrer eigenen Interessen wählen müssen. Um die eigenen Interessen vertreten zu können, um mehr Gewinn zu erzielen, muss eben dieses Spiel aufrechterhalten werden, und somit auch indirekt der Bestand der Organisation und das Erreichen ihrer Ziele.

6.0 Entscheidungsprozesse

Wie schon im Kapitel „Menschliche Struktur" erläutert wurde, ist es dem Mensch nicht möglich, vollkommen optimierend und rational zu handeln. Es ist nicht möglich, dass er alle Alternativen kennt oder dass er gleichzeitig alle Alternativen auf ihre wahrscheinlichen Folgen hin vergleichen kann, um die beste auszusuchen. Kurz gesagt: Der Mensch kann nicht wirklich optimieren. Wie geht der Mensch aber dann vor? Hier verwendet Friedberg die Aussagen von Simon, „demnach jeder Entscheidungsträger mehr oder weniger explizite, aber nie völlig ausformulierte Kriterien hat, denen eine für ihn zufriedenstellendende Lösung eines anstehenden Problems genügen müsste" (Friedberg, 1988, S. 48) Und die erste Alternative, die eine Lösung anbietet, und als erstes gefunden wird, wird genommen. Somit kann man nicht ausschließen, dass es eine andere Alternative gibt, die besser wäre.

Entscheidungsprozesse sind einer absoluten Rationalität unzugänglich und richten sich lediglich nach Kriterien der Befriedigung, die das Produkt von sozialen Lernprozessen sind. Sie lassen sich auf folgende zwei Faktoren zurückführen:

1. auf den familiären und gesellschaftlichen Sozialisationsprozess des Entscheidungsträgers. Hier ist die persönliche Geschichte des Akteurs ausschlaggebend, welches seine Wirklichkeitswahrnehmung und Problemlösungsprogramme beeinflusst.

2. auf die in der Gegenwart verankerten Zwänge, die sich aus der Teilnahme an den Spielstrukturen der Organisation herleiten lassen.

In diesem Verhältnis wird das Verhalten der Mitglieder als Produkt einer Entscheidung gesehen, welches ihnen Rationalisierungskriterien entspricht. Dementsprechend kann ihr Verhalten, in den verschiedenen Wirklichkeitswahrnehmungen, als vernünftig gesehen werden. Das Verhalten der Akteure beruht neben der Orientierung an den durch Sozialisation vermittelten Werten auch auf dem opportunistischen Ausnutzen von Gelegenheiten, dessen permanente Widerholung seinerseits sozialisierend wirkt: Praxis und

Wertesystem eines Akteurs bedingen sich gegenseitig (Friedberg, 1988, S. 49).

7.0 Kontrolle und Konsens

Verschiedene empirische Untersuchen (Kern & Schumann, 1984; Piore & Sabel, 1985; Coriat & Zarifian, 1986; Wood, 1986) haben für Deutschland, USA, Frankreich, Japan und Großbritannien das Ergebnis bestätigt: „Die Transformation von Arbeitsvermögen in Arbeit ist nur begrenzt über Kontrolle sicherzustellen" (Ortmann, 1988, S. 14). Produktions-, Organisations- und Arbeitskonzepte seien auf Kreativitäts- und Produktivitätspotentiale des Personals angewiesen. Dieses kann nicht alleine durch Kontrolle realisiert werden. Ganz im Gegenteil: Kontrolle kann es sogar gefährden. Das Ende von Arbeitsteilung und Massenproduktion erfordere drei Faktoren: Vertrauen, Verständigung und Konsens. Ohne ein Minimum an Konsens können das Management, das Personal und die Produktion nicht funktionieren (Ortmann, 1988, S. 15). Ortmann zitiert nun Rudolf zur Lippe, nach dem jede Planung eine heimliche Ergänzungshilfe des Menschen zur ihrer Realisierung benötigt (Lippe, 1975).

Das Wissen des Managements für einen vollkommenen Ablauf des Prozesses ist nicht vorhanden. Genauso ist das Erfahrungswissen der Mitarbeiter niemals restlos in Planungswissen aufzulösen. Demnach können Subjekte zugleich störender und konstituierender Faktor für die Ordnung von Organisationen sein. Das Management kann mit einem erheblichen

Konsenspotential rechnen, wenn es jeder Produktion einen inhärenten Konsensbedarf gibt.

Die Begriffe Kontrolle und Konsens erscheinen zunächst als Gegenbegriffe. Doch nach Giddens Vorstellung von „dialectic of control" (Giddens, 1982, S. 39) bedingen und konstituieren sich Macht und Freiheit, Abhängigkeit und Autonomie, sowie Kontrolle und Konsens. Demnach bedeutet die Freiheit des einen, eine machtvolle Restriktion der Möglichkeiten des anderen. Kontrolle zielt auf Individuen mit eigener Autonomie und Macht. Gleichzeitig kann man sagen, dass es keinen Konsens, keine Autonomie oder keine Freiheit im machtfreien Raum gibt.

Der Spielbegriff, der am Anfang vorgestellt wurde, erzeugt Konsens. Dieser Konsens ist der „Leim, der die Organisationen zusammenhält" (Ortmann, 1988, S. 24). Der Begriff „Konsens" findet nun seinen Weg in die Industriesoziologie. Wenn man dabei die Begriffe „Kontrolle" und „Konsens" nicht als Gegenbegriffe ansieht, hofft Ortmann, dass sich eine neue Beziehung zur Organisationstheorie anbahnt.

8.0 Schlusswort

„Spielereien" sind in Organisationen vorhanden. Solange diese Spielchen in begrenzter Weise mit bestimmten Regeln versehen sind, gibt es für Organisationen keinen Grund, ihren Bestand als in Gefahr zu bezeichnen. Organisationen funktionieren und sichern ihre Existenz, in dem bestimmte Spielregeln aufgestellt werden. Mitglieder, die ihre eigenen Ziele verfolgen, halten sich an diese Spielregeln. Sie haben dadurch selber einen Verdienst, nämlich das Erreichen ihrer eigenen Ziele, und auch die Unternehmensziele geraten nicht in Konflikt mit den Verhalten der Mitarbeiter. Solange das Spiel in Grenzen gespielt und der Grundbestand der Organisation nicht gefährdet wird, sind das Spiel und der Austausch von Machtbeziehungen wichtige Bestandteile von Organisationen.

9.0 Literaturverzeichnis

- Coriat, B.; Zarifian, Ph.: Tendenzen der Automatisierung und Neuzusammensetzung der Lohnarbeit. In: Prokla, (Heft 62), 16, 1986
- Crozier, M.; Friedberg, E.: Macht und Organisation. Die Zwänge kollektiven Handelns. Königstein / TS., 1979
- Friedberg, E.: „Zur Politologie der Organisation". In: Küpper, W. / Ortmann, G. (Hrsg.): Mikropolitik, 1988, S. 39-52
- Friedberg, E.: Ordnung und Macht. Dynamiken organisierten Handelns. Frankfurt/Main, New York: Campus Verlag, 1995
- Giddens, A.: Profiles and Critiques in Social Theory. London: Basing Stoke, 1982
- Kern, H.; Schumann, M.: Das Ende der Arbeitsteilung? Rationalisierung in der industriellen Produktion. München, 1984
- Lippe, R. zur: Objektiver Faktor Subjektivität. In: ders.: Bürgerliche Subjektivität. Autonomie als Selbstzerstörung. Frankfurt/Main, 1975

- Ortmann, G.: „Macht, Spiel, Konsens". In: Küpper, W. / Ortmann, G. (Hrsg.): Mikropolitik, 1988, S. 13-26
- Piore, M.J.; Sabel, Ch.: Das Ende der Massenproduktion. Studie über die Requalifizierung der Arbeit und die Rückkehr der Ökonomie in die Gesellschaft. Berlin, 1985
- Simon, Herbert A.: Administrative behavior: A study of decision-making processes in administrative organizations. 4. Auflage, New York, NY: Free Press. 1997
- Simon, Herbert A.: Entscheidungsverhalten in Organisationen. Eine Untersuchung von Entscheidungsprozessen in Management und Verwaltung. Landsberg. 1981
- Wood, St.: Neue Technologien, Arbeitsorganisation und Qualifikation: die britische Labor-Process-Debatte. In: Prokla, (Heft 62), 16, 1986

Medizinische Qualitätsnetze

1.0 Einführung

In dieser Arbeit soll das Konzept der Medizinischen Qualitätsnetze näher vorgestellt werden. Als Basistext dient der Aufsatz von Günther Ortmann und Wolfgang Schnelle, „Medizinische Qualitätsnetze – Steuerung und Selbststeuerung". Zunächst werde ich die Notwendigkeit solcher Netze vorstellen. Qualitätsstandards, die von den Netzen gesetzt werden müssen, werde ich in Kapitel 3 zeigen. In Kapitel 4 wird versucht werden, einen Einblick darüber zu geben, wie die Situation der Ärzte ist, sich als Kollegen oder Konkurrenten zu sehen. Der Zwiespalt zwischen Kooperation und Wettbewerb wird in diesem Kapitel bearbeitet. Wie ein Netz gesteuert wird, ist in Kapitel 5 beschrieben. Im nächsten Kapitel geht es dann um Bedenken und Risiken, die man beachten muss, wenn man in ein Netz einsteigen will. Das große Problem des Vertrauens, die Vertrauenslücke, ist das Thema des Kapitels 7. Im 8. Kapitel geht es um die Pharma Unternehmen, die wesentlich verantwortlich für die Entstehung von Medizinischen Qualitätsnetzen sind. Im letzten Kapitel folgt eine Selbstdarstellung des Medizinischen Qualitätsnetzes Westküste und im Anschluss darauf ein Schlusswort.

2.0 Die Notwendigkeit

Ökonomischer Druck, Steigerung der Patientenzahlen, Steigende Konkurrenz (wenn man das mal so nennen darf) und die wachsenden Anforderungen an Ärzte in letzten Jahren führten dazu, dass eine Alternative, eine Umstrukturierung stattfinden musste. Aus dieser Suche heraus bildete sich die Idee der Medizinischen Qualitätsnetze. Diese Netze sind lokale Kooperationsgemeinschaften von verschiedenen Ärzten, wie z.B. Hausärzten, Fachärzten oder Klinikärzten. Diese Kooperation soll die Bereitstellung von Qualität als Ziel haben. Diese Qualität ist in so einem Maße, dass es ein einzelner Arzt nicht bieten kann.

Ein weiteres Ziel ist, Anerkennung für die gebotene Qualität zu gewinnen. Dies hat den Effekt, dass die Patientenzahlen steigen und dies wiederum hat wirtschaftliche Vorteile für jeden einzelnen Arzt im Netz. Ortmann und Schnelle nennen deshalb Medizinische Qualitätsnetze auch Wettbewerbsgemeinschaften (Ortmann, Schnelle, 2000, S. 207). Dieser Begriff ist den Ärzten natürlich erst einmal fremd. Doch steigenden Anforderungen und Kosten lassen den Ärzten keine andere Wahl sich als Wettbewerber zu sehen. Einige Ärzte sind der Meinung, Ärzte seien dem Wettbewerb auszusetzen. Aber die meisten können sich mit diesem Begriff nicht anfreunden. In den Qualitätsnetzen sehen die meisten „lediglich nur den Effekt, sich auf dem Laufenden halten zu können" (Ortmann, Schnelle, 2000, S. 209).

Es war im Jahre 1994 als die ersten Medizinischen Qualitätsnetze entstanden. Damals noch unter dem Namen Kardiologische Qualitätsnetze. Die Schwarz Pharma Deutschland GmbH unterstütze dieses System. Zusammen mit dem Beratungsunternehmen

Metaplan Consulting wurden die ersten Netze gegründet. Ende 1998 gab es ca. 80 lokale Netze (Ortmann, Schnelle, 2000, S. 208). Materiell, wie auch immateriell unterstütz das Pharma Unternehmen die Netzwerke. Danach steuern sich die Netze durch eigens entwickelte Regeln und Standards.

3.0 Qualitätsstandards

Wie schon im zweiten Kapitel erwähnt, führen Qualitätsstandards zum Erreichen der Ziele der medizinischen Qualitätsnetze. Hierbei geht es um die Qualität der Leistungen von Arzt und Praxis für die Patienten. Nun stellt sich die Frage, was überhaupt Qualität für die Patienten sei?

Patienten sind kaum in der Lage zu erkennen, was ihnen als Leistung angeboten wird. Es fehlt ihnen nicht nur das Wissen, sondern auch die Vergleichsmöglichkeiten. Es gibt keine wirkliche Überprüfung der Qualität der Ärzte. Daher werden Ärztliche Dienstleistungen auch als Vertrauensgüter bezeichnet. Um eine Informationsbrücke zwischen Arzt und Patient aufzubauen, wird das „Signaling" als Mittel benutzt. Hier geht es darum, mit bestimmten Mitteln, die Qualität des Arztes zu signalisieren: Doktortitel, Akupunkturwissen, weißer Kittel, Fachchinesisch. Auch die Medizinischen Qualitätsnetze benutzen dieses Mittel: Herzpässe, Broschüren und vor allem Qualitätsstandards.

In Netzwerken werden Qualitätsstandards gebildet. Für die Patienten soll erkennbar werden, dass die Ärzte diesen Standard einhalten und auch sich gegenseitig auf die Einhaltung hin überwachen. Somit können die Patienten die ärztlichen Leistungen messen. Für die Steuerung des Netzes sind diese Standards von großer Bedeutung. Qualitätsstandards sichern, dass alle Ärzte in gleichgerichteter, miteinander abgestimmter Weise handeln (Ortmann, Schnelle, 2000, S. 211). Hier wird z.B. definiert, wie Ärzte bei bestimmten Krankheiten diagnostizieren und therapieren sollen.

Qualitätsstandards dienen gleichzeitig zur Dokumentation, zur Patienteninformierung oder zur Patientenführung. Diese Standards dienen dazu, „die Qualität auf der Strecke zu sichern, die ein Kranker durchläuft, wenn er verschiedene Ärzte aufsuchen muss, die sich um seine Krankheit kümmern" (Ortmann, Schnelle, 2000, S. 215).

Nach drei Grundsätzen (Ortmann, Schnelle, 2000, S. 213) werden die Qualitätsstandards definiert:

1. Es wird nichts überflüssig oder doppelt gemacht.
2. Was erforderlich ist, bestimmt sich a) aus den medizinischen Auffassungen b) aus der mobilisierbaren Mitarbeitsbereitschaft der Patienten und c) aus den ökonomischen Möglichkeiten, die das Gesundheitssystem einräumt.
3. Der Patient soll die Möglichkeit haben, seine Behandlung zu kontrollieren.

Viel wichtiger, als die Bildung solcher Qualitätsstandards, ist die Einhaltung der Standards. In kleineren Netzen hat man durch die soziale Kontrolle den Effekt, dass die Vereinbarungen auch tatsächlich eingehalten werden. In größeren Netzen muss man vielleicht sogar Kontrollinstanzen setzen müssen.

4.0 Kollegialität oder Konkurrenz

Ökonomische Vorteile in einem Qualitätsnetz sind nicht wirklich so groß. Personal- und Sachkosten lassen sich fast gar nicht einsparen. Es ist eigentlich die Zeit, die man einspart. Denn Zeit ist Geld. Die Arztarbeitszeiten reduzieren sich. Durch die Kooperation spart man sich die Zeit, die man sonst für die neuen medizinischen Erkenntnisse verwendet hätte. Denn in einem Netz gibt es diese Informationen für wenig Aufwand. Außerdem helfen die Standards, die ärztlichen Empfehlungen gegenüber den Patienten zu legitimieren. Auch hier wird Zeit gespart. Zeit, in der man Erklärungs- und Überzeugungsarbeit geleistet hätte.

Wenn man nun die wirtschaftlichen Vorteile außer Acht lässt, gibt es einen weiteren Vorteil für die Teilnehmer in einem Netz. Nämlich Wettbewerbsvorteile. Durch die gute Zusammenarbeit der Partner in einem Netz, hebt sich die Praxis von anderen ab und gewinnt für die Patienten an mehr Qualität. Und dies spricht sich herum und die Patientenzahl steigt an.

Wie schon eingangs erwähnt, sehen sich die Ärzte in der Regel nicht als Konkurrenten oder Wettbewerber. Sie fühlen sich solidarisch mit anderen Ärzten und konkurrieren nicht miteinander. Vielmehr solidarisiert man sich gegen andere: gegen den Staat, gegen die Krankenkassen oder gegen andere Arztgruppen

(Ortmann, Schnelle, 2000, S. 217). Doch gleichzeitig gründet man Netze, um Vorteile gegenüber den anderen zu haben, die nicht in einem Netz sind. Aus Kollegialität wird plötzlich Konkurrenz. Aber viele können sich mit diesem Begriff nicht anfreunden. Man scheut wettbewerbliche Handlungswiesen, die ihren Kollegen zum Nachteil gereichen können. Diesen Prozess verdrängt man am besten, in dem man nicht darüber spricht! Man kann aber auch die Qualität als Grund für den Zusammenschluss in einem Netz sehen, denn Qualität ist gemeinsam leichter zu erreichen, als alleine. So hat man den Begriff der Konkurrenz auch abgeschafft. Man beachte, dass nur 10 bis 12 der 85 eingerichteten Netze sich als Wettbewerbsgemeinschaft sehen. Für den Rest ist es ein Fortbildungskreis (Ortmann, Schnelle, 2000, S. 218).

5.0 Steuerung durch Regeln

Damit die Steuerung funktioniert, damit eine Art Ordnung entsteht, muss man feste Regel setzen. Diese Regeln dienen gleichzeitig zur Steuerung und zur Selbststeuerung. Hierbei werden Qualitätsstandards definiert. Somit soll den Patienten etwas angeboten werden, nämlich Qualität, was ein einzelner alleine nicht anbieten kann.

Durch diese Standards soll sich der Kunde wohlfühlen, er soll nachvollziehen können, was mit ihm passiert und vor allem soll er nicht mehrere verschiedene Versionen seiner Krankheit zu hören bekommen. Denn in so einem Standardnetz werden die Behandlungsmethoden der einzelnen Ärzte aufeinander abgestimmt, was die Qualität und Sicherheit verbessert. Der Patient soll das Gefühl haben, dass es das Qualitätsnetz ist, dass den Vorteil anbietet und das es ein einzelner nicht könnte.

Durch diese Möglichkeit, gemeinsam Qualität zu schaffen, gewinnt der jeder einzelne Arzt im Qualitätsnetz einen großen Vorteil gegenüber den Ärzten, die nicht Mitglieder im Netz sind. Denn diese müssen ganz alleine die Arbeit und Qualität anbieten, die mehrere zusammen in einem Netz anbieten. Ökonomisch hieße das „collaborative advantage" (vgl. Kanter, 1994), also „Vorteile durch Kooperation".

Die Teilnehmer in einem Netzwerk haben durch diese Kooperation viele Vorteile:

1. Den Patienten kann eine sichere, gute, einheitliche Behandlung angeboten werden.

2. Durch den Ausbau an Leistungsangeboten in Richtung qualitativer Standards, hat man eine positivere Rolle gegenüber den Kassenärztlichen Vereinigungen. Die eigene Argumentations- und Verhandlungsmacht wird gestärkt.

3. Man hat mehr Anweisungsmöglichkeiten gegenüber den Krankenhäusern. In einem Netz kann man leichter Qualitätsstandards und Behandlungsweisen durchsetzten.

4. Gegenüber den Ärzten, außerhalb des Netzes, deren Angebot nicht an die der Mitglieder im

Netz reicht. Sie können die gleichen Standards alleine nicht anbieten.

Diese und andere Vorteile in einer Kooperation sind natürlich viel wert. Und alles was wert ist, ist meistens nicht umsonst zu haben.

In einem Netz, in einer Kooperation, muss das nötige Vertrauen erst aufgebaut werden. Erst durch Vertrauen, können die nötigen Standards definiert und eingehalten werden. Und dies kostet Zeit und Geld. Die wichtigste Investition ist daher Vertrauen.

Um zu steuern, braucht man aber auch einen Anführer. Diesen muss es notwendigerweise gegen, damit das Netz zusammenhält. Ohne einen Anführer würde nach kurzer Zeit nicht mehr passieren. Also wird einer der Teilnehmer als Anführer erkannt.

Damit die ganze Kooperation und die Standards auch funktionieren, muss das Netz gut organisiert sein. Im Wesentlichen erfolgt die Steuerung medizinischer Qualitätsnetze durch ihre Organisation – durch ihre reflexive Strukturation (vgl. Ortmann, Sydow, Windeler, 1999). Es müssen organisatorische Regeln festgelegt werden. Diese Regeln können als Vereinbarungen oder Deklarationen verabschiedet werden.

6.0 Bedenken und Risiken

Aber überall da, wo es Regeln gibt, kann es auch Regelbrecher geben. Überall da, wo Vertrauen nötig ist, muss man riskieren; denn der Anreiz für einzelne, dieses Vertrauen auszunutzen ist gegeben.

Ärzte, die in ein Netz einsteigen wollen, müssen dies gut bedenken. Das Vertrauen und das Wissen, dass sie in das Netz investieren, kann ausgenutzt werden. Es werden nun einige Risiken vorgestellt, die bei Ortmann und Schnelle (2000, S. 225-227) als Bedenken aufgelistet sind:

1. Die Freiheit wird eingeschränkt. Es ist möglich, dass Netzteilnehmer ihre üblichen Praktiken, Methoden und Routinen verändern oder aufgeben müssen. Da man die festgelegten Qualitätsstandards, die man selber mitformuliert hat, einhalten muss, kann die eigene Freiheit eingeschränkt werden. „Standardisierung ist anders nicht zu haben, als dass alle auf Sonderrechte und Sonderwege verzichten" (Ortmann, Schnelle, 2000, S. 225). Dies ist nötig, um ein hohes Qualitätsniveaus und die Abgestimmtheit der Behandlungsmethoden im Qualitätsnetz abzusichern. Es ist von großer Bedeutung, dass alles im Netz diskutiert und die Regeln festgelegt werden. Aber die Verpflichtung, ein bestimmtes Medikament zu benutzen, ist nicht vorhanden.

2. Man investiert Wissen und bekommt nicht genug zurück. Ortmann und Schnelle benutzten den Begriff des „free riders". Hiermit sind Netzwerkteilnehmer gemeint, die in den vollen Genuss der Vorteile des Netzes kommen, ohne

dazu selbst beizutragen. Besonders in Netzen mit vielen Teilnehmern, ist die Wahrscheinlichkeit für das Auftreten solcher free rider größer. In kleineren Gruppen kann dies sofort auffallen, was Konsequenzen für den Ausnutzer hat.

3. Abhängigkeit von anderen. Wer in einem Netz teilnimmt, ist sozusagen abhängig von den anderen Teilnehmern. Es kann dazu kommen, dass andere Teilnehmer ihren Verpflichtungen nicht nachkommen. Es hat aber den Vorteil, dass man mit diesen Teilnehmern reden kann, sie kritisieren oder ihnen helfen kann; da man zusammen in einem Team arbeitet. Da alle voneinander abhängig sind, ist man sozusagen aneinandergebunden. Ortmann und Schnelle geben hier ein spieltheoretisches Beispiel von Farrel und Saloner (1987) wieder.

4. Mühe, Zeit und Geld als Kostenfaktor. Damit ein Netzwerk funktioniert, reicht es nicht aus, nur Geld zu investieren. Auch Arbeit muss investiert werden. Es gibt aber einen wesentlichen Vorteil im Netz. Vorteil gegenüber der Arbeit und Geld, die man alleine auch investiert hätte. Nämlich, dass man sich im Netz die Kosten von Anfang an mit den anderen teilt.

5. Ausnutzer von außerhalb des Netzes. Es kann dazu kommen, dass andere Ärzte, die nicht im Netz sind, indirekt versuchen, Nutzen aus diesem Netzwerk zu ziehen, z.B. möchten diese

Ärzte den Auftragsschein oder den Herzpass des Netzes mitbenutzen. Doch dafür müssen sie in das Netz eintreten. Erst dann können sie die Vorteile des Netzes benutzen und die gibt es nicht umsonst.

6. Sich Selbstständig machen. Es könnte sein, dass ein Netzwerkteilnehmer auf die Idee kommt, dass Netzwerk zu verlassen und die gleichen Qualitätsstandards alleine anzubieten. Um dies zu verhindern, muss den Netzwerkteilnehmern klar sein, dass dieses Netz ihr eigenes Netz ist. Sie müssen in das Netz so integriert sein, dass sie erst gar nicht auf die Idee kommen, das Netz, das dann ihr eigenes ist, zu verlassen. Andererseits muss man auch die Patienten in die Netzaktivitäten einbinden, so dass sie gleichzeitig überprüfen können, ob die Qualitätsstandards eingehalten werden. Ein einzelner Arzt hat es dann viel schwieriger, auszusteigen und die gleiche Qualität anzubieten. Dies ist dann viel zu kostspielig.

Wenn man sich die ganzen Risiken und Bedenken anschaut, dann erkennt man schnell, was das wichtigste in diesem Netz ist; nämlich Vertrauen. Das Risiko, zu vertrauen und ausgenutzt zu werden, hält die Ärzte davon ab, in ein Qualitätsnetzwerk einzusteigen.

7.0 Vertrauenslücke

Ich möchte nun einen spieltheoretischen Ansatz zeigen, dass die Lage der Ärzte, die vor der Wahl stehen, in ein Netz einzusteigen, am Besten zeigt. Dieser Ansatz ist wieder von Farrell und Saloner (1987). Diesmal geht es nicht um Pferde, sondern um Pinguine. Man stelle sich vor, dass sich ein Haufen voller Pinguine auf einer Eisscholle befindet. Die Pinguine haben Hunger und wissen ganz genau, dass sie unten im Wasser die besten und die leckersten Fische erwischen können. Aber gleichzeitig könnten sich dort auch Raubfische befinden, die die Pinguine verspeisen wollen. Wie handeln nun die Pinguine? Sie werden einfach sagen: „See and wait."

Ortmann und Schnelle nennen dieses Beispiel um die Situation der Ärzte zu beschreiben: „Sollen doch andere mit der Standardisierung beginnen – ich warte ab und springe erst ins Wasser, wen ich sehe, dass die Sache klappt" (Ortmann, Schnelle, 2000, S. 227). Da nun alle so denken, und alle abwarten, kommt keiner an die leckeren Fische ran.

Weiterhin spricht man hier von einer Organisationslücke (vgl. Kubicek, 1993 / Monse, Reimers, 1994). Gemeint ist, dass alle ein bestimmtes Qualitätsstandard wollen, dass ihnen nur Vorteile bringt, aber es niemanden, keine Institution oder Organisation gibt, dass sie alle an einen Tisch versammelt. Doch mit der „See and wait" - Taktik hat keiner etwas davon und alle träumen von den schönen Standards.

Für die medizinischen Qualitätsnetze übernehmen die Pharma- und Beratungsunternehmen diese Aufgabe. Sie versuchen, die Ärzte alle an einen Tisch zu versammeln. Natürlich haben sie auch selber Vorteile durch diese Netze. Auf jeden Fall wird diese

Organisationslücke geschlossen. Es liegt also an den Ärzten ob sie selber im Stande sind, die einzige Lücke, die noch offen ist zu schließen, und das ist die Vertrauenslücke.

Hier wird wieder ein Beispiel aus der Ökonomie vorgestellt. Und zwar geht es hier um den Begriff der „doppelten Kontingenz", also doppelte Abhängigkeit. Ich mache mein Handeln von Deinem Handeln abhängig, aber Du Dein Handeln von meinem. Diese Denkweise geht unendlich so weiter, beide Parteien machen nichts. Man könnte diese Denkweise auch so formulieren: ich würde ja mit Dir kooperieren, aber ich weiß nicht, ob ich es tun soll (und lasse es lieber), weil ich ja nicht wissen kann, ob Du mich nicht über den Tisch ziehst (Ortmann, Schnelle, 2000, S. 227). Man spricht in diesem Fall von einer Theorie kooperativer Spiele (vgl. Axelrod, 1987).

Die Lösung für das Problem liegt in der Aussage: „Kooperiere zunächst (gib einen Vertrauensvorschuss) und höre damit erst auf, wenn der andere egoistisch reagiert; dann aber reagiere sofort mit Vergelten, aber mit einer begrenzten" (Ortmann, Schnelle, 2000, S. 228).

Hier geht es darum, Kooperation zu belohnen und Ausbeutung zu bestrafen. Somit ist sich jeder bewusst, dass es zu Vertrauensmissbrauch kommen kann. Niemand lässt sich dann naiv nur auf Kooperation ein. Wenn eine Vertrauensbasis hergestellt ist, ist dies wie eine Kette. Der eine Teilnehmer vertraut dem anderen. Wenn das Vertrauen gerechtfertigt wird, wird man wieder vertrauen. Und der andere Teilnehmer wird diesem Teilnehmer auch wieder vertrauen. Somit wird ein Netz voller Vertrauen aufgebaut. Dadurch verhalten sich andere Teilnehmer auch kooperativ und die Vorteile alle zusammen aus diesem Netz ziehen können wächst an.

Damit dieses Vertrauen hergestellt wird und es beständig ist, muss man bestimmte Regeln festlegen. Diese Regeln der Kooperation, Deklarationen, wurden ja schon vorher vorgestellt. Wenn man diese Regeln knapp und klar zusammenfassen will, dann lauten sie wie folgt (Ortmann, Schnelle, 2000, S. 228):

1. Der Eintritt ins Netz kostet einen Preis – nämlich die Verpflichtung auf die Netzstandards.
2. Nicht-Kooperation – Trittbrettfahrerei – wird unverzüglich, aber nicht mit extremer Härte geahndet.
3. Nicht nachtragend sein.
4. Den Austritt aus dem Netz einigermaßen kostspielig machen.
5. Im Notfall vor Ausschluss aus dem Netz nicht zurückschrecken.
6. Vertrauensvorschuss

Vertrauen aufzubauen ist nicht leicht. Es kostet meistens viel Zeit, bis es hergestellt ist. Um zu Vertrauen, braucht man Erfahrung. Und um Erfahrungen zu machen, muss man Vertrauen können. Ortmann und Schnelle setzten hier auf „Sich trauen". Sich trauen, langsam ran tasten und die erste Verbindung herstellen.

8.0 Unterstützung durch Pharma-Unternehmen

Qualitätsstandards und Kooperationsregeln sind die notwendigen Bedingungen um ein Medizinisches Qualitätsnetzwerk zu steuern. Durch diese Standards und Regeln ist den Ärzten eine gute Arbeit vordefiniert. Doch eine andere wichtige Quelle, die Ressourcen, wie Manpower, Know-How, Beratung usw. anbietet ist das Pharma-Unternehmen. Sie ist sozusagen der Netzorganisator. Es hat die Rolle eines Beraters. Um es klar zu sagen: Ohne die Hilfe der Firma Schwarz Pharma, wären wahrscheinlich die Medizinischen Qualitätsnetze nicht zu Stande gekommen. Im Sommer 1993 beauftragte das Pharma-Unternehmen Metaplan Consulting, ein Beratungsunternehmen, mit der Vorarbeit zur Entwicklung der Netze. Dieses Unternehmen hatte das nötige Know-how um als Berater für das Pharma-Unternehmen zu dienen. Diese entschloss sich 1994, Medizinische Qualitätsnetze anzuregen und zu unterstützen.

Als Gegenleistung erwartet das Unternehmen von den Netzteilnehmern, „dass sie ihre Präparate in angemessener Weise berücksichtigen" (Ortmann, Schnelle, 2000, S. 220). Das heißt, wenn die Präparate des Pharma-Unternehmens aus medizinischen Gründen gebraucht werden und diese mindestens so gut wie andere Präparate sind, sie auch eingesetzt werden.

Das Pharma-Unternehmen kann aber die Unterstützung nur so lange erbringen, als es sich das leisten kann. Wenn das Unternehmen die Möglichkeit verliert, Ärzte zu unterstützen, sieht es kritisch für die Medizinischen Qualitätsnetze aus. Bisher gibt es keine anderen Finanzierungsmöglichkeiten. Ohne diese Hilfe und die Unterstützung, wären Ärzte sicherlich nicht in der Lage, diese Netze fortzuführen oder neue aufzubauen.

9.0 Selbstdarstellung

An dieser Stelle lohnt es sich eine Selbstbeschreibung anzuschauen. Und zwar die des Medizinischen Qualitätsnetzes Westküste. Dieses Infoblatt wurde für die Patienten der Ärzte hergestellt. Im Anschluss zu dieser Darstellung folgt eine Einschätzung im Schlusswort.

„Wir sind eine Gemeinschaft, die mehr als die Hälfte der Dithmarscher Praxen umfasst. MQW steht für den Begriff Medizinisches Qualitätsnetz Westküste. Sicherlich kennen Sie schon unser Logo mit dem blauen Segel und den Buchstaben MQW, das in allen Praxen zu sehen ist, die unserem Qualitätsnetz angehören. Wir möchten Ihnen etwas über uns erzählen, Sie informieren über den Sinn und Zweck dieses Netzes und was es für Sie bedeutet. Es beinhaltet die verbesserte Zusammenarbeit vieler niedergelassener Ärzte aus fast allen Fachgebieten.

- hohe Qualitätsstandards der Netz-Ärzte durch verbesserte Fortbildungsmöglichkeiten
- kürzere Wege durch dezentrale Organisation
- optimiertes Terminmanagement durch persönliche Kontakte und schnelle Absprachen zwischen den Netz-Ärzten

- optimierte Diagnostik durch enge Kontakte mit Fachärzten
- Vermeidung von Doppeldiagnostik, unnötige Medikation entfällt
- verbesserte Kommunikation mit dem Krankenhaus
- der Netz-Arzt ist nicht mehr isolierter Einzelkämpfer, er ist höher motiviert, zufriedener mit seiner Berufssituation. Dies spüren Sie als Patient.
- verbesserte Kontakte zu Gesundheitspartnern (Pflegebereich, Therapeuten)

Wir bieten: Eine Abendpraxis in *** an allen Werktagen von 19:00 bis 22:00 Uhr, unter Tel. ***, wo Ihnen eine Ärztin oder ein Arzt zur Verfügung steht. Damit stehen wir außerhalb der üblichen Sprechstundenzeiten mit Rat und Tat zur Seite.

Wir haben erreicht, dass niemand nur deshalb ins Krankenhaus muss, weil er fürchtet bei unvorhergesehenen Komplikationen ohne kompetente Hilfe zu sein. Patienten, die beispielsweise nach einer ambulanten Operation ärztlich versorgt werden müssen, werden dann auch zu Hause von einem Arzt aufgesucht. Aber auch ältere Patienten, die pflegerisch und ärztlich betreut werden müssen, können so zu Hause versorgt werden.

Die üblichen Sprechstundenzeiten ändern sich für Sie nicht. Die freie Arztwahl ist nicht eingeschränkt, und der Datenschutz ist gewährleistet.

Wir möchten uns herzlich für Ihre Aufmerksamkeit bedanken."

10.0 Schlusswort

Der „normale" Arzt sieht sich als Ethiker und wehrt sich gegen Rationalisierung. Er sieht den Patienten nicht als Kunde, und sich selbst schon gar nicht als Manager. Eine Wettbewerbsgemeinschaft kommt für ihn gar nicht in Frage. Wie wir aber in der Selbstdarstellung in Kapitel 9 sehen, kann man fast sagen, dass es in die Richtung eines Wettbewerbs geht. Diese Selbstdarstellung ist wie ein „Werbe"-Plakat, um sich von den „Anderen" abzugrenzen. In diesem Fall sind die anderen, diejenigen Praxen, die nicht dem Qualitätsnetz angehören. Auch wenn der Arzt sich selbst von der Idee des Wettbewerbs weit entfernt sieht, gehen die Qualitätsnetze in diese Richtung. Es hat sicherlich auch damit zu tun, dass auch Betriebswirtschaftler in der Rolle des Beraters oder Moderators auftreten können.

Es bleibt abzuwarten, wie sich das in der Zukunft entwickelt. Wir werden sehen, ob sich der Arzt als Ethiker halten kann oder doch zum Wettbewerber wird. Sicherlich kann man sagen, dass die Netzte mit einem Konzept, wie z.B. „Kundenorientierung" arbeiten. Es ist auch eine Frage der Definition. Ob der Kranke tatsächlich ein Patient oder ein Kunde ist, wird sich sicherlich in den kommenden Jahren, mit steigenden Anforderungen und dem Druck „als Arzt zu überleben" deutlicher zeigen.

11.0 Literaturverzeichnis

- Axelrod, R. (1987): Die Evolution der Kooperation. München
- Farrell, J. / Saloner, G. (1987): Competition, compatibility and standards: The economics of horses, penguin and lemmings. In: Gabel, H.L. (Hrsg.): Product standardization and competitive strategy. Amsterdam u.a., S. 1-21
- Kanter, R.M. (1994): Collaborative advantage. In: Harvard Business Review 72 (4), S. 96-108
- Kubicek, H. (1993): Organisatorische Voraussetzungen des branchenübergreifenden Datenaustausches – Neue Aufgaben für die Wirtschaftsverbände? In: Kubicek, H. / Seeger, P. (Hrsg.): Perspektive Techniksteuerung. Berlin, S. 143-168
- Monse, K. / Reimers, K. (1994): Interorganisationale Informationssysteme des elektronischen Geschäftsverkehrs (EDI): Akteurskonstellationen und institutionelle Strukturen. In: Sydow, J. / Windeler, A. (Hrsg.): Management interorganisationaler Beziehungen. Vertrauen, Kontrolle, Informationstechnik. Opladen, S. 71-92
- Ortmann, G. / Sydow, J. / Windeler, A. (1999): Organisation als reflexive Strukturation. In: Ortmann, G. / Sydow, J. / Türk, K. (Hrsg.): Theorien der Organisation. Die Rückkehr der Gesellschaft. 2. Aufl. Opladen, S. 315-354
- Ortmann, G. / Schnelle, W. (2000): Medizinische Qualitätsnetze – Steuerung und Selbststeuerung. In: Sydow, J. / Windeler, A. (Hrsg.): Steuerung

von Netzwerken. Konzepte und Praktiken. Opladen, S. 206-233

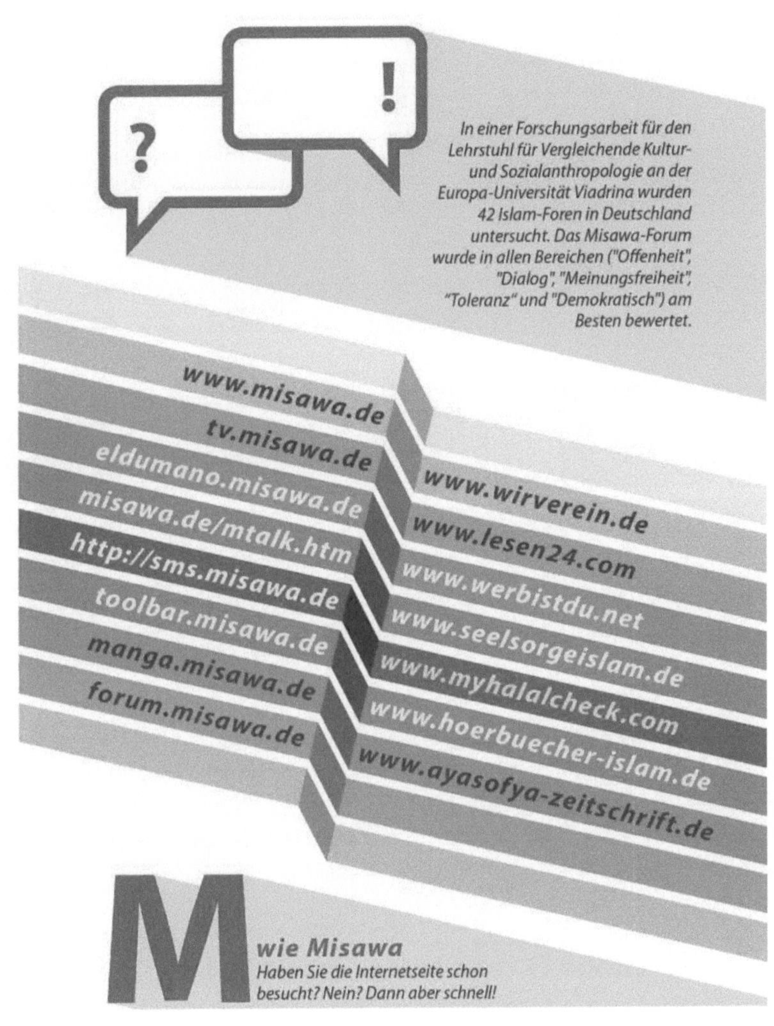

In einer Forschungsarbeit für den Lehrstuhl für Vergleichende Kultur- und Sozialanthropologie an der Europa-Universität Viadrina wurden 42 Islam-Foren in Deutschland untersucht. Das Misawa-Forum wurde in allen Bereichen ("Offenheit", "Dialog", "Meinungsfreiheit", "Toleranz" und "Demokratisch") am Besten bewertet.
www.misawa.de
tv.misawa.de
eldumano.misawa.de
misawa.de/mtalk.htm
http://sms.misawa.de
toolbar.misawa.de
manga.misawa.de
forum.misawa.de
www.wirverein.de
www.lesen24.com
www.werbistdu.net
www.seelsorgeislam.de
www.myhalalcheck.com
www.hoerbuecher-islam.de
www.ayasofya-zeitschrift.de
M wie Misawa
Haben Sie die Internetseite schon besucht? Nein? Dann aber schnell!

Bücher von
Cemil Şahinöz
gibt es jetzt
in jedem
Buchhandel
www.lesen24.de - www.misawa.de